JN439185

그날 피렌체에서

정유현 수필집

| 프롤로그 |

산행과 같은 인생살이

인생을 살아가는 것은 참 재미있다. 때로는 마치 처음 만나보는 세상인 양, 입맞춤도 하고, 가슴 설레는 날을 맞이하기도 한다. 매일 똑같은 서울 도심 속에서도 행복한 날, 슬픈 날 등, 그 색깔 또한 다양하기 때문이다. 요즘 모든 사물이 아름답게 보이는 건, 아마도 심신이 건강해진 덕분이리라.

이렇듯 기분에 따라서 울긋불긋한 인생사를 모처럼 엮어보았다. 그렇다고 '인생살이란 이렇다'라고 꼭 잡아서 쓴 글은 건 아니다. 단지 지금껏 걸어온 경험을 적당한 비유로 들자면, 산행과 같은 길을 의미한 것이다. 처음 오르는 산길, 이번에는 어떤 굽이들이 기다리며, 또 어떤 풍경들을 접할까 등, 설렘으로 계곡물을 건너고, 비탈길을 또 올라서 정복의 뿌듯한 환희.

그렇게 정복한 산은 다 알고 있는 듯했다. 또 다른 산으로 향하지만, 무시로 변화무쌍한 산, 같은 산이라도 계절별로 달리 보이고, 느낌도 달랐다. 때로는 중간지점에서 만난 벼랑 끝의 난코스를 벗어나기란 쉽지 않았다지만, 곧 평평한 능선이 나올 거라는 희망의 길, 그래서 포기하지 않았다.

세상사도 별반 다르지 않았다. 인간관계 역시 마찬가지였다.

처음 어떤 성격의 소유자인지, 기대와 설렘으로 다가간다. 친숙해지면, 제2의 내가 되어줄 것이라고 굳게 믿지만, 때에 따라서 언제든 변할 수 있는 사람의 심리 또한 변화무쌍했다. 이렇듯 수십여 년 입은 상처에도 불구하고 다치는 마음은 늘 아팠다.

마땅히 치유 받을 곳은 없었다. 그래서인지 심경이 어지러울 때나 행복할 때, 가장 먼저 생각나는 분이 친정어머니였다. 내 인생의 지주였던 분, 생전에 고생만 시킨 불효의 죄스러움은 어디를 가나 울컥울컥 생각났다. 그때마다 노트에 끄적대는 일이 유일한 심경 표현이었다. 하지만, 바쁘다는 이유로 깊숙이 쑤셔 박아 두었다가 10여 년 만에 묶어본 것이다.

새로운 변화를 위해서다. 당시에는 버거웠던 일련의 일들, 오히려 자양분이 되어주었기 때문이다. 저만큼 보이는 평지가 눈에 들어오면서 고진감래 발걸음도 충만하다. 수십여 년 전에 걸었던 그 꽃길이 아니면 어떤가, 지금의 이 오솔길, 평지를 향해 내딛는 발걸음마다 이미 꽃길이나 진배없지 않은가.

2022. 2. 저자 정유현

정유현 수필집

그날 피렌체에서

프롤로그

1. 가슴으로 보는 가을꽃

2. 그날 피렌체에서

3. 배낭 속에 넣고 다니는 비밀

4. 사색에 잠긴 그녀

5. 넋을 잃은 나의 붓

1

가슴으로 보는 가을꽃

- 7월의 축제 주인공
- 자신에게 주는 보상
- 가슴으로 보는 가을꽃
- 무척 좋아했던 너
- 그림자 같은 형상인 것을
- 회한(悔恨)으로 젖은 그리움
- 또 다른 동반자(同伴者)
- 세계 속의 박물관
- 유명세는 거저 주어진 것 아냐
- 풍경소리와 함께

7월의 축제 주인공

이육사(李陸史)의 「청포도」가 생각나는 7월이다. 이글거린 태양 아래 검푸름이 절정에 이른 왕성한 기운, 수박과 참외를 비롯해 옥수수와 복숭아, 푸성귀 등 먹을 게 지천으로 널려 있다. 보기만 해도 풍요로운 만찬, 어디다 시선을 먼저 두어야 할지 모르겠다. 매미들의 합창은 농부가인 양, 한층 더 흥을 돋우고 모두가 축제 분위기다.

이제부터 온천지에 펼쳐진 축제에 멋진 주인공이 되어보리라.

그동안 결혼과 동시에 우물 안의 개구리가 되었다. 아이들 잠자는 시간에 빨래하고, TV 볼 시간에 창틀에 낀 먼지 한 번이라도 더 닦아내는 등, 하루해가 짧았다. 아침에 눈 뜨면서부터 허둥지둥 반복되는 나의 일상이었다.

그때는 '나'라는 존재를 잊고, 살았어도 행복했다. 해맑은 두 아이의 눈빛만 보아도 피곤함은 보람으로 와 닿았다. 눈 한번 껌

벅하는 사이에 쑥쑥 자라는 아이들, 땀 흘린 만큼 가족의 보금자리가 더욱 안락해져 간 재미에 세월 가는 줄 몰랐다.

정신없이 바쁘게 살아왔다. 어느새 성인이 된 두 아이, 제짝을 만나 화촉을 밝힐 때, 어미로서의 뿌듯함은 한마디로 감개무량했다. 하지만 제 신혼집으로 떠난 후, 밀려오는 빈 둥지의 공허함, 인생 싱크홀에 빠져드는 느낌이었다.

'그래, 지금부터 모두 내 시간이다. 황금 같은 기회가 주어진 것이다. 중년의 위기(Midlife Crisis)감, 그건 남의 이야기로 돌려버리자. 정체성을 상실한 빈 둥지 증후군(Empty Nest Syndrome), 그걸 앓고 있을 만큼 엄살 부릴 새도 없다' 이렇게 마음을 바꾸는 순간, 다가올 노후 준비가 산적해 있었다.

그동안 뒷전이었던 나 자신부터 우선순위에 올려놓았다. 누구를 위한 삶이 아니라, 이제부터 내가 주인공이 되어 살아갈 세상이다. 가족들에게 의지해 왔던 일도 스스로 도전하며, 헤쳐나가야 할 사람도 바로 나 자신이다. 내가 알고 있는 사물보다 모른 사물이 더 많은 세상, 게다가 사회는 급변하고 있지 않은가. 하지만 어느 것 하나 제대로 꿰뚫는 것이 없다고 해서 위축되거나 겁먹지 않으리라.

요즘 시대는 활자를 모르는 문맹인이 무식한 게 아니다. 자신이 알고 있는 것이 전부인 양, 아집도 무식이다. 듣고 싶은 소리만 듣고, 믿고 싶은 것만 믿는 것도 무식이다. 제 중심을 잃고 집단분이기에 휩쓸려 옳고 그름을 분별 못 한 것도 무식이요, 주변을 배려할 줄 모르는 이기적인 언행과 제 이익에만 눈이 희번

덕거린 탐욕은 노망난 늙은이로 취급해버린 세상이다. 이런 우려를 범하지 않도록 개선해 나가야 할 점도 한둘 아니었다,

빈 둥지만 바라보며, 알량한 나이를 셀 틈도 없다. 이글거린 태양 아래 주렁주렁 달린 열매들과 춤추는 만물들, 매미들의 합창 또한 우렁차지 않은가.

누군가 말했다. 나이는 단지 숫자에 불과한 것이라고, 그렇다. 아직은 푸른 꿈으로 무엇이든 도전할 수 있는 나이다. 베르디(Verdi)는 80세에도 생동감이 넘치는 「팔스타프」 오페라를 작곡하지 않았던가. 세계 3대 교향악단의 하나인 뉴욕 필하모니를 80대에 이르러서도 정열적으로 이끌고 갔던 인물이다. 그런가 하면, 피터드러커(Peter Ferdinand Drucker)도 있다. 경영학의 아버지로 불리는 그가 93세 때 일이다. "일생 동안 많은 책을 저술했는데, 그중에 가장 중요한 책은 어떤 책입니까?"라는 질문에 "다음에 나올 책이오."라고 답했다고 한다. 일생을 도전정신으로 그는 3년마다 새로운 주제로 책을 써 왔던 것처럼 이들의 혈기왕성한 활동은 끝이 없다.

이렇듯 무엇이든 마음에서부터 비롯된다. 그래서 20세의 80대 노인이 있는가 하면, 80세 이르러도 20대 청춘도 있다. 자신의 삶은 타고난 팔자나 복에 의해서 결정되는 것은 결코 아니다. 어떤 삶을 살 것인가를 스스로 만들어가는 과정에서 인격도 갖추어지면서 추구한 삶도 펼쳐지는 것이다. 인생의 아름다움을 음미할 줄 아는 나이, 7월의 청포도처럼 내가 주인공이 되어 만찬의 축제를 한껏 즐겨보리라.

자신에게 주는 보상

우리 모녀는 참으로 고지식하게 살아왔다. 그동안 자신이 맡은 일에만 최선을 다하는 삶이 전부인 줄 알았다. 지난날의 나, 가정의 파수꾼 노릇으로 몰두하다가 나를 따로 챙길 여력이 없었다. 여식 또한 별반 다르지 않았다. 대학을 졸업하자마자 신림동 고시촌에서 10여 년간 사법고시(司法考試)에 매달려 있었다. 여행은커녕 친구들과 어울려 놀지도 못하고, 몸치장조차 잊은 채, 책만 붙들고 있다가 황금 같은 시간을 잃어버린 것이다.

"엄마! 내 소원 한 가지만 들어줘"

"그래, 좋아. 내 딸의 소원인데 들어 주고말고"

"묻지도 않고 대답해줘서 고마워. 실은 엄마가 조금이라도 건강할 때, 여기저기 함께 다니고 싶었거든, 들어줄 거지?"

"그러자꾸나"

"엄마! 울지 말고 웃어야지. 이제부터 할머니를 대신해서 내가 챙겨줄게"

어느 날, 아침 식탁에서 밥을 먹든 여식이 문득 던져준 말에 순간 울컥했다. 제 딴에 의연한 척하지만, 속상하고 쓰라린 그 심정을 내가 어찌 모르겠는가. 제 자신부터 추슬러야 함에도 어미를 챙겨주려는 마음이 더욱 안쓰러웠기 때문이다.

'그래. 무엇이든 마음먹기에 달려 있다. 내 것으로 못 만들게 뭐가 있겠어. 삶의 패턴(pattern)을 바꾸어 당장 하나씩 실천으로 옮겨보자' 하고 마음을 굳히는 순간, 세상마저 달리 보였다. 그 후, 딸과 함께 하는 여행, 말만 들어도 설렜다. 새로운 것들에 대한 신기함과 호기심을 유발하지 않아도 좋았다. 그곳이 어디든 돌아다니면서 보고, 듣고, 느끼는 순간, 여행에서만 얻을 수 있는 기쁨 즉 힐링(healing)으로 모든 것이 감사하고, 아름답기 때문이다.

여기를 다녀오고 나면, 또 저기도 가고 싶다. 한 번씩 다녀오면 여독으로 며칠씩 몸살을 앓곤 하지만, 몸을 추스르면 또 다른 나라가 생각났다. 이런 중독 증세로 유럽과 아시아 등 발걸음을 멈출 수가 없었다.

처음엔 색다른 여행기를 떠올리며, 메모하는 내 손놀림도 바빴다. 교회와 성당, 그리고 유적지와 박물관 등 다양한 글 소재에 신이 났다. 마치 나만 보고 느낀 역사와 문화인 양, 무궁무진한 글감으로 머릿속이 터질 지경이었다. 이 보배들을 단순한 여행 기록문이 아니라, 새로운 창작문학으로 담아내고 싶었다. 그러나 거듭된 해로 밀쳐두었던 나의 보배들은 안개 속으로 서서히 사라져버리고 말았다. 몇 월, 며칠, 어디, 등 메모해 둔 것들을 들추어보며, 책상 앞에서 끙끙거리고 애써 봐도 처음 그 감동과 느낌은 되살아나지 않았다.

요즘은 여행이 보편화된 세태다. 자신이 마음만 먹는다면 원하는 곳은 어디든 쉽게 떠날 수가 있다. 이미 자신이 본 풍경과 느낌은 블로그와 카페 등 올렸거나, 책으로 묶어 내놓았다. 문학인이 아니더라도 새로운 문물에 신선한 충격과 감동은 누구라도 문자화할 수 있기 때문이다. 쌈박한 여행기는 서점에 적지 않게 나와 있다. 그래서 진부한 천편일률적인 글을 쓰느니, 차라리 마음속에 담아두기로 했다.

"너 또 마이너스통장 되는 거 아냐?"

"엄마! 돈은 쓰기 위해서 버는 거고, 쓰고 벌고 재미있잖아"

"그렇지만 젊어서 한 푼, 두 푼 모아 두어야 나중에 후회하지 않지"

"그동안 한눈팔지 않고, 성실하게 살아온 우리 자신에게도 보상 좀 합시다. 이 여행도 각자 자신에게 주는 힐링의 선물이니, 훗날 걱정은 접어 넣으세요" 하고 내 말문을 막아버리곤 한다. 한층 높여놓은 삶의 질을 어찌 싫다 하겠는가. 하지만 염치없는 호강을 매번 누리려도 되는가 싶어, 미안한 마음에 한 번씩 입을 열어보곤 한다.

언제나 안팎으로 태평천하다. 할 일은 산적해 있는데, 어느 것 하나 연연하는 구석조차 없이 살고 있다. 여행을 다니면서도 느긋함은 마찬가지다. 갈 곳과 둘러볼 곳도 많은데, 다리가 아프면 쉬었다 가고, 오늘 못 보면 내일 보면 되는 거지, 조급하게 서둘려야 할 것도 없었다. 당연한 듯 싫은 기색 없이 내 비위를 다 맞추어 주는 여식, 여행지와 숙박 등 모든 것을 척척 알아서 예약을 해두곤 한다. 그래서 백치(白痴)가 된 나는 졸졸 따라다니는 것만으로도 회춘하는 기분이다.

나 자신에게 그동안 인색했던 건 사실이다. 단 한 번도 보상을 해 주어야겠다는 생각은 해본 적이 없다. 한 가정을 지키는 주부이고 어머니라면, 대부분 자신의 희생은 기본으로 살아온 터라, 내 삶 또한 당연하다고 여겼다. 한데 스스로 주고받는 선물, 패키지여행 절반가량의 저렴한 비용으로 기분은 백배 상승할 줄이야….

오붓한 모녀의 자유여행, 참으로 행복하지 않을 수 없다. 지난날의 아쉽고 아리다고 여겨왔던 시간, 오히려 깊숙이 저장해둔 황금을 비로소 하나둘씩 꺼내 쓰는 느낌이다.

가슴으로 보는 가을꽃

가을바람과 함께 계곡 물소리마저 청량하다. 개울물을 따라 돌다리를 건너고 건너다보면, 굵고 빠르게 가늘고 느린 물소리는 인생 노래 그 자체다. 굽이굽이 비탈진 바위 고갯길을 오르면, 비로소 나의 휴식처인 큰 너럭바위가 나온다. 이곳은 우리 집에서 약 1시간 거리, 휴식시간까지 포함하면 왕복 3시간 정도의 코스다.

확 트인 너럭바위에 앉아 내려다보는 풍경은 언제나 아름답다. 가까운 동네를 비롯해 멀리 63빌딩과 남산 그리고 123층의 롯데빌딩 등 서울 도시가 한눈에 내려다보인 곳이다. 변화무쌍한 사계절의 빛깔은 물론, 시야와 사고력까지 넓혀지는 곳, 그래서 틈나는 대로 찾아 오르곤 한다. 늘 그러하듯 오늘도 소슬바람을 품고 그윽한 솔 향기와 함께 그대로 눕는다. 흰 무희(舞姬)들의 무도회가 한창인 파란 무대를 올려다보면서 다시 자연의 일부가 되는 순간이다.

수락산을 옆에 끼고 산다는 건 축복받은 일이 아닐 수 없다. 계절별로 달리 보이는 사물들, 올 때마다 새롭게 배우며, 30여 년을 오르내리는 동안 나의 교육장이 되었다. 우주 섭리에 제각각 질서정연한 진리에 고개가 절로 숙어진다.

이곳은 여러 스승이 공존하고 있다. 고통의 짊을 혼자 짊어진 양, 괴로워할 때, 세상사를 묵묵히 일깨워 준 철학자가 있다. 발을 동동거리며 허둥댈 때, 방향 제시를 해준 길잡이도 있고, 어디 그뿐인가, 육신이 아팠을 때, 내 육신을 치유해준 의사도 있다. 그래서 여기에 오면, 모두 나를 지켜주는 스승을 비롯해 친구가 아닌 것이 없다.

고마운 산, 내 눈 앞에 펼쳐진 가을 빛깔도 참으로 곱다. 낙원 빛으로 장식한 색이 어디 이 산뿐이겠는가. 오곡백과가 풍성한 들녘도 마찬가지지 않은가. 봄은 생동감 넘치는 화려한 계절이라면, 천자만홍의 가을은 세상을 관조(觀照)하는 은발의 여인과 같다. 가슴으로 보이는 가을꽃, 곱고 기품 있는 두 번째의 꽃이 아닐 수 없다.

알베르카뮈(Albert Camus)도 지금의 나와 같은 심정으로 가을빛을 본 것일까, 그는 가을의 꽃을 봄꽃으로 비유하지 않았던가. '낙엽이 꽃이라면, 가을은 두 번째 봄이다(Autumn is a second spring when every leaf is a flower)'라고 했다. 그런가 하면 두목(杜牧) 역시 단풍잎을 보고 진한 봄꽃으로 표현한 시가 있다.

「풍림거정(楓林停車)」

遠上寒山石徑斜(원상한산석경사)	경사진 돌길로 차가운 산을 멀리 오르니
白雲生處有人家(백운생처유인가)	흰 구름이 피어오르는 곳에 사람의 집이 있고
停車坐愛楓林晩(정차좌애풍림만)	수레 멈추고 앉아서 단풍 가득한 숲을 보니
霜葉紅於二月花(상엽홍어이월화)	서리 맞은 잎들은 이월의 봄꽃보다 붉구나.

- 두목(杜牧, 唐代 詩人)

두목은 자연을 잘 읊은 인물이었다. 그래서인지, 가을을 봄에 비유한 그의 시를 조선의 여러 문사들 역시 가을꽃을 주제로 적지 않게 작품을 남겼다. 단풍을 봄꽃에 비유한 작가들의 가슴 또한 가을 인생을 읊을 줄 알았던 연륜이었으리라. 대자연 속에서 바람 소리를 들으며, 구름의 무희(舞姬)들과 노닐던 삶, 서리 맞은 천자만홍을 바라본 심중은 오죽이나 애틋했으랴.

인생이 아직 봄꽃인 젊은이들은 가을의 봄을 모른다. 나도 그 나이에 가을의 느낌은 눈에 보이는 색이 전부였고, 단풍이나 오곡백과를 봐도 당연하다는 듯 그저 무심하게 넘겨버리기 일쑤였다. 그러나 세월에 의해 가슴으로 보이는 가을의 사물들은 점점 고귀하고 애틋하니, 쌓여가는 연륜은 어쩔 수 없나 보다. 저 아래 펼쳐진 알록달록하게 물든 산, 드넓게 펼쳐진 꽃밭으로 보이는 가슴은 시를 쓰는 일보다 시처럼 사는 일이 더 중요한 것도 깨닫는다. 고즈넉이 앉아 가을의 봄꽃을 감상하는 여인, 바람에 나부끼는 은발 또한 처연하지 않은가.

머지않아 찬바람에 사라질 저 꽃잎들, 죽음마저도 아름답게 여겨진다. 우리네 한세월과 같은 나뭇잎들을 가만히 들여다보고 있노라면, 그 속에서 구구절절한 노랫소리가 들려온다. 고운 빛은 비록 퇴색되어 생명을 다할지언정 또 다른 밑거름이 되어줄 줄 아는 지혜의 향연은 결코 서글프지만 않다.

흐르는 물보다 빠른 것이 세월이라 했던가. 눈 깜짝할 사이에 종심(從心)으로 이끌고 온 세월, 저 바람과 같이 순식간에 나를 또 어디론가 데려가리라. 그날이 언제지 모르지만, 애틋한 천륜지정을 뒤로한 채, 홀로 떠나가야 할 몸, 그것이 우주의 섭리인 것을 어쩌겠는가. 그날까지 고색창연한 자연을 겸허히 관조하며, 알베르카뮈와 두보처럼 나 또한 가을꽃을 가슴으로 담고 음미해보리라.

무척 좋아했던 너

한때는 이 녀석 없이는 못 살 것처럼 붙어 있었다. 국내 여행과 해외여행은 물론, 일상생활에서도 늘 함께 붙어 다녔다. 수시로 궁금한 점들을 물어봐도 귀찮아 않고 척척 대답해준 네가 무척 좋았다. 언제부터 이토록 친해졌는지, 정확한 연도는 모르겠다. 녀석의 이름(smart phone)처럼 똑똑한 녀석이라고 믿고, 나의 모든 걸 맡겨놓았다. 그리고 필요할 때마다 불러내서 적절하게 즐기곤 한다.

녀석의 도움으로 나들이 가방도 가볏해졌다. 다이어리와 지갑과 카메라 등 자질구레한 용품들을 넣고 다닐 필요가 없다. 내 자동차가 없어도 원하는 목적지까지 편하게 다닐 수도 있다. 현관문을 나서기 전, 미리 불러놓고 집 앞에 나가면, 이미 와서 대기하고 있거나, 5분 이내에 탈 수 있도록 해준다.

이 녀석의 도움에 곧잘 의지한다. 특히 코로나19+델타감염시대에 직접 처리해야만 하는 번거로움도 덜어주고 있다. 빠르고 정확한 정보를 제시해준 덕분에 비용 절감과 시간 단축 등 녀석과 밀접한 생활로 한결 수월해졌다.

녀석의 순발력은 이것뿐 아니다. 온라인오프라인 연결시스템의 서비스로 의해 취향에 맞추어 주문배달 선물까지도 척척이다. 특별한 이벤트 역시 어디서든 원하는 장소로 주문예약으로 즐기면 된다. 이밖에 쇼핑을 비롯해 생활 전반에 걸쳐서 번거로움을 덜어주고 있다.

"세상 참 살기 편해졌다." 엄마가 생전에 자주 쓰셨던 말이다. 휴대전화로 지방뿐 아니라, 외국에 계신 친지분과 통화를 끝낸 후 "옛날에는 급한 말 한마디만 전하려고 해도 사람이 직접 찾아가서 전해야 했는데…" 하시며, 편리한 문명 생활을 좋아하셨다.

백색 전화기를 처음 설치해 놓고 뿌듯해하던 때가 생각난다. 사무실에서 당장 필요한 전화기, 청색 전화기를 기다릴 수 없어 비싼 백색 전화기를 샀다. 우리집과 떨어져 있던 사무실과 연결해서 함께 사용했다. 일반전화통화는 물론, 어느 쪽에서든 급한 용무, 전달사항, 궁금한 점 등 그때마다 소화기 버튼을 연달아 서너 번 누르면, 뚜뚜뚜 소리에 상대편에서 받는다. 집과 사무실은 한 지붕 밑에 있는 듯 소통할 수 있었다. 마치 사막에서 오아시스를 만난 듯 시원스럽게 갈증을 해소 해주곤 했다. 땅바닥으로 떨어진 백색 전화기의 가치, 그래도 한때, 고마웠던 마음으로 이사 다닐 때마다 그 번호를 달고 다녔다.

변함없는 백색 전화기와는 달리 이전에 경험하지 못한 새로운 정보들을 속속들이 제공해 주었다. 우리나라를 비롯해 세계의 정보 물꼬를 터준 이 녀석, 전자사전까지 흡수하여 모르는 낱말까지 찾아 주었다. 이렇게 밀접해질수록 차츰 멀어지는 백색 전화기, 해가 거듭되면서 무용지물이 되어갔다. 애착심으로 버리지 못해 몇 년간 기본요금만 내오다가 결국은 얼마 전에 작별하고 말았다.

팬데믹이 덮친 후, 이 녀석을 통해 소통이 잦아지고 있다. 거리 간격과는 상관없이 영상통화가 가능하기 때문이다. 아들 식구들과도 영상소통은 물론, 영상게임까지 즐기곤 한다. 주말에 한 번씩 모두 이 녀석을 붙들고, 각자의 집에서 제각각 편한 자세로 시작한다. 주로 게임 중간 등수는 매번 바뀌지만, 1등과 꼴등은 정해져 있다. 손놀림이 빠른 손녀가 1등, 기기 조작법이 서툰 내가 꼴찌다. 그래도 마다하지 않는 것은 가족과 한바탕 떠들썩하게 즐기기 때문이다.

그렇다고 장점만 있는 것은 아니다. 편리함 못지않게 위험한 녀석이다. 가깝게 접하는 동안 각각의 웹사이트마다 개인정보를 철저히 관리해주지 않으면, 금방 위험한 사각지대에 놓이고 만다. 다음은 집중력을 잃어버리는 경우다. 마치 전철역 차창으로 스쳐 지나가는 광고패널처럼 무의식적으로 인지한 겉핥기식 읽기다.

또 깊이 생각하는 사고력이 얇아졌다. 단순해진 뇌는 무얼 복잡하게 생각하기 싫다. 그런가 하면 아까운 시간을 곧잘 허비했다. 달콤한 앱 상술에 카톡과 유튜브 등 쉽게 빠져들기 일쑤다. 새로운 정보들은 보약처럼 여겨지지만, 실은 해로운 독에 마비된

꼴이었다. 나의 기본적인 뇌 구조는 바뀌지 않았을지언정 환경에 대한 적응력은 이처럼 빨리 습득되었다.

지인들의 일상 역시 별반 다르지 않았다. 예를 들자면, 어떤 화젯거리가 터졌다. 그럼 각자의 생김새가 다르듯 각자의 가치관과 다른 의견이 나오는 것은 당연하다. 그럼에도 다양한 생각이 공존하기보다 특정한 이의 의견이 마치 진리라도 되는 양, 정당화하여 다른 논리가 인정되지 않은 채, 편향되는 경우가 허다했다. 이미 그렇게 익숙해 있는 뇌, 아예 멈춘 듯 올바른 인식은커녕, 분위기에 휩쓸린 헛똑똑이 짓도 적지 않았다.

온라인 세상은 무궁무진한 정보들이 넘쳐나고 있다. 이것들을 훑어보는 동안 정작 나 자신에게 유익한 것들은 적지 않게 놓쳐버린 셈이다. 전설이 되어버린 백색 전화기, 비록 어떤 정보 제공은 없을지언정 위험의 늪으로 빠트려지는 않았다. 내 신상 노출과 아까운 시간을 맞바꾸면서까지 좋아했던 너, 이제는 적당한 거리 간격을 두고, 대신 책을 좀 더 가까이 접해 볼 생각이다.

그림자 같은 형상인 것을

황매산이 보여서 반가웠다. 한데 전에 왔을 때 못 보던 절간이 나왔다. 그래서 혹시 잘못 찾아왔나 싶어 물어봤다. 제대로 찾아왔다는 것이다. 그때는 반대 방향으로 올라왔다가 촉박한 시간 때문에 그냥 지나치고 내려가서 생소하게 여겨졌다. 아담하게 자리 잡은 극락보전, 다포형식에 고운 단청 건물과 석조물까지 근래에 새로 만들어진 절간이었다. 앞뜰에는 두 석등이 세워져 있고, 전각을 오르는 소맷돌은 용이 여의주를 물고 있다. 양쪽 기단부 끝 위로 연꽃을 등에 진 두 마리의 거북이, 모두 아름다웠다.

우선 경건한 마음가짐으로 합장을 했다. 그리고 영암사 극락보전으로 들어갔다. 참배를 마치고 나서 좌우 후면을 둘러보았다. 어느 절간이나 마찬가지로 법당은 부처만 만나 보는 곳은 아니다. 좌우 협시보살을 비롯해 다양한 불화와 그 속의 다양한 인물도 함께 만나곤 한다. 그리고 건축예술 미까지 많은 것을 감상할 수 있는 곳이 바로 절간이다. 이곳은 벽면에 그려진 심우도(尋牛圖)가 인상적이었다. 동자승이 소를 찾아 10단계로 길들이는 그림이 심우도다. 불교에서 수행의 단계로 묘사한 선화(禪畵)일 종이다. 그래서 법당벽화에 심우도가 그려져 있고, 불경 곳곳에 소를 비유한 상징들이 많다.

소는 도가에서 유유자적이고, 유가에서는 의(義)를 상징한다. 그렇지만 불가에서는 인간의 본래 자리, 즉 본성을 의미한다. 수행을 통해 본성을 깨달아가는 과정을 비유한 대표적인 그림이 심우도다. 동자승은 혼탁한 세상을 살아가는 바로 나 자신이다. 그러므로 소를 찾는다는 것은 자신의 본성을 찾는 뜻이다. 처음은 검던 소가 차츰 흰 소로 바뀌어 가는 것은 찌든 마음이 청정해지고 있음을 상징적으로 표현한 것이다.

묵묵히 자기의 할 일만 하는 동물이 소다. 자신의 힘으로 상대를 도와준 과묵한 불법 수행을 소에 비유해왔다. 아함경에서는 '목우십이법'을 설했고, 법화경에서는 보살행의 가르침을 소가 끄는 수레에 비유하고 있다. 선가(禪家)의 조사(祖師)들도 소를 마음 다스림에 비유한 예가 많았다. 불법수행의 과정을 송대(宋代)에 이르러 정형화하여 나타난 것이라고 한다. 참다운 마음을 다스리는 뜻으로 고려 보조국사 지눌의 호를 목우자(牧牛子)라 했단다. 그런가 하면, 서울 성북구 성북동에 있는 만해 한용운의 자택도 심우장(尋牛莊)이라는 현판이 걸려 있었다.

조용히 목우자의 마음으로 접근해보았다. 그렇다면, 나는 지금 누구를 원망할 것도 없지 않은가. 각자의 본성이 다르고, 살아가는 방식과 생각이 다른 걸, 나와 다르다고 해서 마음 상할 일도 아니다. 금강경에서 '인연에 의해 생멸하는 만유의 일체 법은 그림자와 꿈과 같고, 이슬 같으며, 번개 같다.(一切有爲法 如夢幻泡影 如露如電)'라고 했다. 즉 지금 그 무엇을 붙잡으려는 집착은 나 스스로 옭아매는 번뇌였다.

향불과 촛불을 올리고, 다시 합장했다. 몇 배인지 모르지만, 일어났다, 엎드렸다가를 반복하다가 앉았다. 서서히 사그라지는 촛불을 보면서 '우리도 머지않아 저렇게 사라져버릴 존재가 아니던가.

언젠가 저세상으로 떠나가야 할 인생, 그림자 같은 형상이다. 결국은 영원한 것도 영원할 것도 없는 구름 같은 인생이거늘…. 아픈 마음, 슬픈 눈물 모두 부질없는 욕망에서 비롯되었으니, 지금이라도 비워내자. 내 것이라고 여겼던 것들은 돌이켜 보면, 아무것도 아닌 허상이고 허깨비지 않은가.

처음부터 영원한 내 것은 없었다. 내가 소유했던 것들, 그것이 무엇이든 언젠가 모두 두고 홀연히 떠나가야 할 몸이지 않은가.

우리 모두 그림자 같은 형상, 너나없이 저 촛불처럼 사그라질 인생이거늘. 말 한마디라도 선(善)을 쌓아보자. 생각이 여기에 미치자 그동안 어리석고 부질없었던 언행에 헛웃음만 나왔다. 소등에 앉아 피리를 불면서 귀가하는 동자승처럼 나 또한 무거운 번뇌를 훌훌 털어버리고, 그 자리에서 가볍게 일어나 집으로 향했다.

회한(悔恨)으로 젖은 그리움

만개한 꽃들이 손짓하는 날이다. 어디론가 떠나고 싶은 날, 수락산으로 향했다. 오늘처럼 그날도 햇볕 좋은 봄날이었다. 훈풍에 따사로운 햇볕을 받으며, 우리 모녀는 귀임봉 바위에 나란히 앉아서 사방 천지에 활짝 핀 꽃을 보고 있을 때다.

"통도사랑 해인사 그리고 화엄사와 송광사를 둘러보고 싶다. 나랑 같이 가 줄래?"

"엄마! 내가 먼저 함께 다니자고 해야 하는데 죄송해요. 어디부터 갈까?"라고 하여 그때 처음 시작되었다. 모녀가 손잡고 함께 나선 나들이, 쌍계사와 화엄사에 이어 송광사를 돌아다녔다. 평소 감기 한번 앓지 않고, 누구보다 건강하셨던 엄마, 그 나들이가 정령 마지막이 될 줄이야….

어디가 아프다는 말을 들어본 적이 없다. 그만큼 건강도 했지만, 설령 아프다고 해도 병약한 딸 앞에서는 내색도 하지 않았다. 서울로 올라와서 무릎관절로 파스 붙이는 것 외는 아픈 기색을 보이지 않았다. 그래서 늘 건강하셨던 엄마로 알고 있었다. 매일 새벽 4시경쯤 일어나서 아침마다 가족들의 식사를 식탁 위에 다 챙겨놓고, 수락산을 오르내리던 엄마였다.

108배로 여식의 건강을 빌어주시곤 했다. 그리고 “오늘도 부처님의 가피(加被)로 마음과 눈으로 호사를 누리게 해 주셔서 감사합니다.” 하고 합장을 했다. 이런저런 당신의 용무가 끝나면 “자, 이제 내려가자” 했다. “따님이랑 오셨으니 저 안에 들어가서 아침 공양을 드시고 가십시오.” 스님의 권유에도 불구하고 “우리 배낭 속에 먹을 것을 가져왔습니다.” 하고 내려오곤 했다.

한번은 왜 거절하는가를 물어보았다. “그것도 이승에서 지는 빚이다. 언제나 무엇이든 폐 끼치는 건, 빚이고 업이다” 하고, 앞장서서 내려가셨다. 영원암과 용굴암은 가난한 절간이라고 여겼다. 공양미는 올리되, 두 암자에서는 약수로 목축임을 만족하셨다.

현재 영원암은 용굴암과 달리 대웅전과 스님이 없다. 양쪽 바위 틈새로 작은 나한전(羅漢殿)을 본당으로 두고, 그 위에 석굴 안의 칠성각과 독성각이 전부다. 바위 밑으로 지은 요사채를 지어 스님은 노모님과 함께 살았다. 그 노모님은 법당에서 나온 음식을 챙겨놓았다가 엄마를 드리고, 엄마는 그 어르신이 좋아하는 간식거리를 사다가 드리곤 했다. 하지만 그 어르신이 돌아가신 후, 스님마저 공주 마곡사로 들어가셨다. 그리고 1년에 한두 번 스님이 다녀가시는 영원암, 낮으로 드나드는 불자들 외는 늘 비어있는 절간이다.

"엄마! 문을 잠그지 않고 밤낮으로 비어있는데, 나쁜 손을 안 타네" "입을 함부로 놀리지 마라. 그것도 업을 짓는 행위다."라며 내 말문을 막아버렸다. 나쁜 마음, 나쁜 말은 곧 죄업이라 하여 평소 곱고 깔끔하게 살아오셨던 엄마, 하지만 나는 그런 마음가짐조차도 따라가지 못한 채, 살고 있지 않은가.

세상에 부처는 하나라고 여겨서일까, 네 절, 내 절이 따로 없다. 당신이 드나드는 절간은 모두 엄마의 절간이었다. 특별한 날은 아버지 영정을 모셔둔 무량사로 가셨으나, 평소에는 아침마다 수락산 절간으로 오르내리셨다. 이 절간뿐 아니라 지방에 내려가셔서도 절간이 보이면, 들어가서 법전의 물주전자를 들고 나와 새로운 감로수(生水)로 떠올린 후, 참배부터 올렸다.

수락산의 절간도 마찬가지였다. 감로수를 새로 받아 올린 후, 참배를 마친 다음 두 법당 안의 청소는 물론, 마당까지 쓸어놓았다. 엄마의 하루가 시작되는 일상의 일, 용굴암 절간에 상주하고 계신 노(老) 보살님과 노(老)스님 외는 잘 모른 일이었다. 낮으로 엄마와 마주치는 일은 거의 없었기 때문에 두 암자를 드나드는 다른 보살들은 깔끔한 절간은 당연하다는 듯 예사로 넘기곤 했다.

이렇듯 곧은 성품은 오른손이 하는 일, 왼손도 모르게 하는 분이었다. 그래서 이른 아침에 이루어지는 절간의 일과 엄마의 존재감을 모르는 건, 당연했다. 나 역시 새벽에 엄마를 따라나서지 않았다면, 이런 노고는 생각도 못 했다. 당신이 하는 일은 어디서든 드러내놓지를 않는 분이라서, 그저 기도를 마치면, 약수를 받아서 내려오는 줄만 알았다. 매일 절간을 다녀오셔도 나더러 집안일에 손 하나 까딱 못하게 하고, 당신이 척척 다 하셨다.

한평생 여식을 위한 노력은 대단하셨다. 어린 두 아이를 키워 주신 것은 물론, 집안 살림까지 도맡아 하셨다. 사경을 헤맸던 여식이 또 어찌 될까, 노심초사 건강을 되찾아 주려는 노력뿐이었다. 퇴원 후, 나를 밖으로 데리고 나와 조금씩 운동을 시키는 일 또한 게을리하지 않았다. 하루 이틀 그리고 점점 더 긴 거리, 마침내 산책에서 산행으로 이어진 것이다.

눈물겨운 희생에 대한 빚은 만분의 일도 갚지 못했다. 늘 엄마 앞에서는 어린애로 멈추어 있었던 나, 고달픈 엄마의 육신은 아랑곳없었다. 80이 넘은 고령에 집안 살림도 당신 힘에 부쳤을 터이고, 왜 아픈 곳이 없었겠는가. 그럼에도 여식 앞에서는 언제나 왕성한 에너지로 팔팔한 모습이었다.

아직도 믿어지지 않는다. 여전히 친척 집에 다니러 가신 것으로만 여겨진다. 수없이 나누었던 모녀의 이야기, 사계절을 함께 오르내리며, 마주 잡은 모녀의 손, 그때의 체온은 아직도 따스하지 않은가. 하지만 아무리 보고 싶어도 보이지 않고, 불러도 그 목소리는 들리지 않는 세상, 때늦은 회한의 눈물이 무슨 소용인가. 이제는 옛 추억으로 가슴에 남아 있을 뿐, 그 자리, 그 길은 나 혼자뿐이다. 만발한 꽃에서 엄마의 얼굴인 양, 눈을 마주쳐 보는 것이 전부였다.

또 다른 동반자(同伴者)

무엇이든 마음먹기 나름인가 보다. 열어놓은 마음과 닫아버린 마음, 즉 긍정적이냐, 부정적이냐에 따라서 받아들이는 마음 자세가 180° 달라지기 때문이다. 예를 들면, 참을 인(忍)으로 바라본 남편, 가족을 부양하느라고 백발이 된 모습, 고마우면서 더없이 안쓰럽다. 이렇게 희로애락(喜怒哀樂)을 덧칠하면서 노을빛을 향해 함께 걸어가는 사람, 미운 생각보다 짠한 마음이 앞섰다.

이렇듯 세상의 이치를 깨달아 갈쯤, 나에게 또 다른 동반자가 생겼다. 처음에는 뜻밖의 친구가 찾아와 당황하지 않을 수 없었다. 달갑지 않았지만, 요즘 날로 늘어나는 사회추세라고 여기면서 대수롭지 않게 받아들였다. 그러나 날이 갈수록 사사건건 나를 괴롭히기 시작했다. 낮 밤을 가리지 않고 일거일동, 컨디션(condition)까지 좌지우지하고 있다. 떼어버릴 수 없는 이 친구와 신경전은 오감(五感)을 고슴도치로 만들곤 한다. 그래도 내심 승산은 늘 내 쪽이라는 자만심으로 무시해버리곤 했다.

'어라, 이 친구가 장난이 아닌데…, 제까짓 게 나를 이겨보겠다는 거지' 매번 굴복당하는 초췌한 내가 싫어서 반항아처럼 굴면, 두 세배로 공격을 해댔다. 한 번쯤은 이겨볼 요량으로 팽팽한 기싸움도 적지 않았다. 기선제압을 하려면 애당초 여리고 약할 때 했어야만 했다. 어느새 강자로 돌변한 이 친구와 기 싸움은 번번이 계란으로 바위 치기다.

어리석은 나의 만용은 무식한 소행이었다. 주변에 이런 친구와 호흡하는 이가 있었다면, 어떤 식으로 다스려야 하고, 어떻게 물리치는 정보라도 얻었을 것이다. 이 친구는 나를 훤히 꿰뚫고 있는 반면에 난 무방비 상태였다. 그래서 처음부터 이미 승자와 패자는 정해져 있었던 것이다.

언제나 의기양양한 이 친구, 내 반응에 기세가 등등하다. '네 몸을 망가트리는 짓은 삼가고, 인내심으로 너 자신을 스스로 잘 다스리도록 해라'는 경고인 양, 차츰 심상치 않은 적신호로 경각심을 불러일으켰다. 이렇듯 해가 거듭되면서 격하게 당한 공격으로 이따금 며칠씩 앓아눕곤 했다.

이 친구를 알게 된 것은 2000년, 5월이었다. 어버이날, 아들로부터 종합검진 티켓을 선물로 받았다. 남편의 좋은 검진 결과와는 반대로 내 검진 결과는 엉망이었다. 의사는 "혈당수치가 공복에 300이 넘어 위험한 상태입니다." 서둘러 치료를 받지 않으면, 투석하거나, 시력을 잃게 된다는 등 공포감을 조성했다. 이렇게 해서 만난 인연, 어느새 22년째 함께 호흡해오고 있다.

이건 유전적인 요소와는 무관하다. 단지 내가 기호식품을 잘못 선택한 탓이다. 어느 겨울날, 동네 시장에서 우연히 갱엿이 눈에 띄었다. 어린 시절의 겨울철 엄마가 만들어준 갱엿이 생각났다. 아궁이에 불을 떼어가면서 큰 주걱으로 가마솥 엿물을 젓고 또 저어 종일토록 고아진 투명한 갈색 덩어리, 그 맛이 뇌리를 스치는 순간, 군침이 돌기 시작했다.

"한 덩어리는 먹기 좋게 깨트려주시고, 한 덩어리는 그냥 싸주세요." 하여 집으로 돌아왔다. 엄마와 함께 쩍쩍 달라붙은 엿을 오물거릴 때, 입안 가득히 느껴지는 그 맛, 정말 황홀했다. 하루이틀, 달콤한 맛에 깊이 빠져들면서 뒤엉켰던 머릿속은 어느새 평온해지고 세상마저 달콤하게 보였다. 그래서 겨울철만 나오는 갱엿 덩어리를 미리미리 냉동실에 꽉꽉 비축해 두었다가 사계절을 흡족하게 먹곤 했다. 그렇게 서너 해를 즐기는 동안 감미로운 내 행복을 시샘하는 당뇨 친구가 찾아올 줄 어찌 짐작인들 했으리.

이제는 마냥 거부만 한다고 해결될 일도 아니다. 이렇게 살아갈 수밖에 없는 내 운명을 어쩌겠는가. 평생 함께 호흡해야 할 운명이라면, 차라리 동반자로 받아 주기로 했다.

이렇듯 날카로웠던 신경전이 무뎌지기까지는 적지 않은 시간이 걸렸다. 참을 인(忍)으로 육신의 평정을 되찾았듯이 나의 동반자와 함께 참을 인으로 느긋이 호흡해 가볼 생각이다.

세계 속의 박물관

국립중앙박물관

어느 나라든 과거 없이는 현재도 없다. 올바른 역사와 문화유산을 제대로 물려주지 않으면, 후손들의 미래는 어둠 속에 묻힐 수밖에 없다. 그래서 역사란 긴 세월에 걸쳐서 쌓인 금맥(金脈)과 같다고 했다. 그 금맥은 후손들이 바로 딛고 올라갈 황금 사다리와 마찬가지기 때문이다.

그 나라의 역사는 유물 속에 숨어 있다. 어느 나라든 유물을 보관해 둔 박물관이 있듯 우리나라도 박물관이 있다. 대한민국 박물관 개관 100년이 되는 해였다. 뜻깊은 해를 맞이하여 국민과 함께 즐기고자 여러 장르의 특별전을 한꺼번에 개최하기도 했다. 국립중앙박물관 크기는 세계에서 6번째, 현대화된 우수한 시설은 그 어느 박물관에 뒤지지 않는다. 그래서인지, 세계 박물관 조사 결과에서 국립중앙박물관이 관람객 수가 아시아 1위, 세계 10위에 올랐다는 것이다.

우리나라 박물관은 처음 제실 박물관이란 이름으로 탄생했다. 그 이전부터 일본인들은 이런저런 구실로 500년의 조선을 말살하기 위한 수단으로 경복궁을 허물고 온갖 짓을 자행해 왔었다. 1909년 11월 1일 궁궐을 개방하였고, 창경궁 역시 훼손하여 식물원을 만들어 일반인에게 놀이공원으로 공개했다. 우리나라 최초의 근대적 박물관(帝室博物館)을 소개한 것은 광복을 맞고 나서였다.

1945년 우리는 박물관을 새롭게 열었다. 어렵고 힘든 격동의 시기를 헤쳐 오면서, 일곱 번이나 자리를 옮겨 다녔다. 국립박물관의 면모를 갖춘 것은 덕수궁 석조전(1955 ~1972)에 옮긴 후, 차츰 정돈되어 갔다. 그동안 변변치 못했던 박물관은 서서히 제구실의 규모로 비교적 안정된 분위기가 되었다. 고고학과 미술사학 분야를 연구하며, 국내외 전시를 추진하는 등 기틀이 형성되었다. 미국과 유럽 등지에서 문화재 순회 전시사업을 활발히 펼쳤고, 비로써 우리나라가 유구한 문화와 역사를 가진 나라임을 널리 알려졌다.

2005년 경복궁에 있던 박물관이 용산으로 이전했다. 개관과 동시에 국립중앙박물관이라는 지금의 이름으로 부르게 된 것이다. 100주년의 특별전은 단순히 유물들 전시뿐 아니라, 우리의 아픈 역사와 함께 민족의 혼(魂)을 되돌아보는 기회였다. 대한민국은 5천 년의 유구한 문화와 역사를 가진 나라임에도 불구하고, 많은 외세 해침을 당했다.

외세 침입이 잦았던 만큼 손실과 아픔도 컸다. 우리가 기억하는 외침만 해도 임진왜란 7년을 비롯해 정묘호란과 병자호란, 일제 36년 등이다. 수많은 목숨은 물론, 우리의 문화재까지 거듭된 수난으로 제대로 보존될 수가 없었다. 특히 36년 일제강점기에 훼손된 유적지와 유물, 빼앗기고, 반출되는 등 참으로 기구한 나라가 아닐 수 없다.

단순히 지나간 일로만 치부해 버리기에는 너무 많은 것을 잃어버렸다. 36년의 슬픈 과거, 오늘까지 이어오는 역사의 배턴은 또 후손들이 이어가고 있지 않은가. 그래서인지, 관장은 각 나라에 흩어져 있는 우리의 유물을 들여와 대한민국의 국민에게 상기시켜 줄 기회를 마련해 준 것이다. 이러한 유물전시 현장을 통해 후손들에게 우리 역사를 바로 인식하도록 만분의 일이라도 각인될 수 있었던 기회였다. 세계 속으로 펼쳐 놓은 대한민국의 독립 100주년, 뜻깊은 역사특별전에서 감회가 새로웠다.

아픔을 함께해 온 유물들

내가 선택한 일 중에서 유물해설 역시 잘 선택했다. 평소 쉽게 대할 수 없는 우리의 유물들까지 전시 기간 마음껏 접하면서 해설도 할 수 있어서다. 해외에 나가 있던 조선 시대 유물들까지 한자리에서 만나 볼 있으니 얼마나 뜻깊은 일인가. 안견의 몽유도원도(일본 천리대학 소장)와 고려 시대 은도금주전자(미국 보스턴미술관 소장) 등 개인적으로 이 유물들을 직접 만나기란 하늘에 별 따기다. 그 나라에서도 평소 전시하는 유물이 아니라, 특수수장고에 보관해 둔 국보급 유물들이기 때문이다. 그 외도 국보 204호 천마도와 아름다운 실루엣과 온유한 표정의 수월관음도를 포함한 유물은 모두 걸작들이다.

이 중에 참으로 안타까운 일도 있다. 해외로 나가 있는 우리의 유물들이 얼마나 되는지 아직도 제대로 파악이 안 된 점이다. 외침도 많이 당하기도 했지만, 특히 일본인들의 침략이 36년간 지속된 동안 그사이에 엄청난 양이 반출되었기 때문이다. 그래서 우리 국보급의 문화유산들은 어떤 경로로 어느 나라에 얼만 큼 흘러가 있는지, 지금도 파악조차 제대로 안 된 실정이다.

해외 여행길에서 둘러본 박물관은 우리와는 달랐다. 유럽의 유명한 박물관과 유물들은 대부분 황실의 유품과 애장품 등 황실 측에서 수집해서 내려온 것들이었다. 그러나 우리는 세계 유명한 명작에 버금가는 궁중의 명품들은 외세의 침입으로 인해 약탈당하고 반출되었다. 비운의 역사로 인해 조선 5백 년 유물뿐 아니라, 고려와 고구려, 그 이전의 우리 것, 5천 년의 유적지와 유물 상당수가 사라져버린 것이다. 일제강점기 그 시대만 없었어도 간도만큼은 우리의 땅, 유산으로 남아 있었을 것 아닌가.

일제강점기, 누가 잊겠는가. 그들은 황실을 격하시켜 이왕가박물관(1910~1945)이란 점과 박물관 소장품마저 조선총독부 박물관 소속으로 흡수시키려고 했다. 데라우치 마사다케, 그의 이름은 한국인이라면, 치를 떠는 인물이 아니던가. 재임 기간 대한제국의 국권을 강탈하고, 무단(武斷)통치라는 폭압적인 식민지정책을 기획하면서 강제집행한 장본인이기 때문이다. 그가 총독으로 지낼 무렵 1910년부터 5년간 조선 문화재 조사사업을 펼쳤다. 그리고 신라 때부터 조선 후기까지 그동안 혼자서만 가져간 우리의 문화재 3천여 점을 그는 일본에서 데라우치 문고사업까지 펼쳤다.

기증된 유물들

2006년 6월 초였다. 일부 반환된 유물을 예술의 전당에서 관람한 적이 있다. 경남대학을 비롯해 우리 유물을 사랑하는 이들에 의해서 98종에 135점 중에서 130점만 전시를 했다. 박락되고, 좀 먹은 5점은 보수하여 보여주겠다고 해서 나머지는 아직 못 본 상태다. 전시장을 돌아보며, 유물 하나하나 눈여겨보았다.

우리 국보급의 문화재들, 반가웠다. 이 유물은 1994년 한일의원연맹과 한일친선협회가 공동으로 외국에 유출된 문화재 환수사업을 추진하면서 시작되었다고 한다. 야마구치현립대학이 국제학술교류 차원에서 자매결연 중인 경남대학 박재규 총장과 다카야마 야마구치현립대학 학장이 1995년 11월 11일 기증 각서를 교환하는 조인식을 체결했다. 이듬해 1월 24일 경남대 인수단에 의해 문집류와 서화류, 궁중자료 등이 80년 만에 돌아온 것이다.

귀환된 유물을 나열해 보면 대략 이러했다. 영조 대왕이 신하 24명을 불러 시를 짓게 하는 모습과 신하들이 지은 시를 묶은 『제신제진』과 조선 시대 화가 김홍도를 비롯해 윤두서와 정선의 그림을 묶은 『홍운당첩』이었다. 그리고 정몽주. 성삼문. 박팽년. 이황. 이순신 등의 글을 모은 서첩도 있었다. 익종(23대 순조의 아들)이 세자 때, 교육기관인 세자시강원에 입학하는 장면을 그린

「정축입학도첩(丁丑入學圖帖)」 등이었다.

데라우치 마사다케가 가져간 유물은 모두 명품들이었다. 데라우치가 사망한 뒤 그의 아들 히사이치가 데라우치 문고(寺內文庫) 운영해 왔다고 한다. 그러다가 현 소재 야마구치여대에 기증했다는 것이다. 현재 야마구치현립대학에는 데라우치가 조선에서 가져간 1천여 종에 1천5백여 점의 귀중한 우리 유물이 남아 있다고 한다. 분명 우리의 문화유산들이다. 그렇다면, 뒤늦게나마 사죄를 하고. 모두 본국으로 돌려줘야 마땅하지 않겠는가. 그럼에도 엉뚱한 곳에 기증을 하다니, 어이가 없다. 남의 것을 빼앗아 가져가서 자신의 것인 양 선심을 쓰다니….

내가 근무하는 서화관 맞은편은 기증관이 있다. 틈날 때마다 기증(寄贈)실에 가보면, 아픈 역사 속에서도 은은한 빛으로 감동을 준 이들이 적지 않다. 일본으로 넘어가려는 유물들을 사비로 사모아 개인박물관을 운영했던 유물 등 다양하다. 유언을 받든 자제분들은 수백 점의 소장품을 비롯한 애장품까지도 기증해 주었다. 여러 기증자들의 숭고한 애국심에 혼자서 박수를 보내곤 한다. 이분들은 일본인들의 손으로 넘어갔거나, 넘어가려는 것을 자신의 재산을 쏟아부어 구해낸 유물들이다. 국보급과 보물급의 유물, 개인박물관을 차려도 손색없는 충분한 유물들임에도 기꺼이 기증해 준 것이다. 그들이 만약 개인박물관을 사심으로 만들어 자식에게 대물림해 준들 누가 시비를 걸겠는가. 그럼에도 진정한 애국자가 배려한 애국심은 국립중앙박물관을 찾는 많은 이들에게 감동을 주고 있다.

현재 기증관의 전시유물들은 드높은 민족정신에 의해서다, 선각자들의 애씀과 노력, 그 뜻을 받은 훌륭한 자제분들의 정신까지 드높아 지고 있지 않은가. 사심 없는 애국정신으로 뜻깊은 유물들이 고스란히 전해지고 있음은 자랑스러운 일이 아닐 수 없다. 2021년에는 삼성그룹 이건희 회장 소유였던 상당수의 유물까지 국립중앙박물관에 기증해 주어 함께 빛나고 있다.

"기증자 모두에게 더욱 커진 고마움의 박수갈채를 보냅니다. 고맙습니다."

유명세는 거저 주어진 것 아냐

'인생은 모험이고 도전이다.'

내 블로그나 스마트폰에 붙이고 다니는 로고다. 평소 나의 생활 패턴은 늘 새로운 정신으로 살기 위한 노력을 게을리 않는다. 미처 모르는 사물들에 대한 그 궁금증은 때로는 체험을 통해서라도 풀어보곤 한다. 그중에서 내가 맡고 있는(書畵館) 유물에 대한 관심을 예로 들어보겠다. 해설사로서 17년째, 아직도 접하지 못한 유물과 모르는 유물들은 태반이다. 그래서 우리의 옛 그림에 대한 이해 폭을 넓혀보기 위한 수채화 공부에 도전했다.

서예실과 회화실은 주로 조선 시대의 유물들이 많다. 여러 장르의 작품과 작가들까지 머릿속에 넣는 일도 복잡하다. 유물들이 교체될 때마다 그에 따른 교육을 받으면서 자료를 받지만, 많은 관람객 중에 언제 누가 어떤 질문을 해 올지 모른다. 그래서 틈틈이 관련된 서적들을 들추며 익혀 나가야만 한다. 다른 박물관들의 전시유물 역시 교체되면, 쫓아다니면서 접한 유물만 해도 수 만 점에 이를 것이다. 그러나 알면 알수록 궁금한 것이 더 많았고, 걷잡을 수 없는 관심은 날로 증폭되었다.

서예와 회화의 재질은 다양했다. 삼베와 모시도 있지만, 주로 한지나 비단 바탕이 많다. 이런 바탕 재질은 물 한 방울만 떨어트려도 확 번지는 성질이다. 그럼에도 오히려 확 번지는 속도와 색을 이용해 걸작들이 탄생된 것이다. '이런 작품이 나오기까지 작가들은 얼마나 오랜 시간을 노력했을까' 묵향이 밴 작품도 대단하지만, 광물성과 식물성의 안료들을 사용한 작품 또한 감탄스럽다. 작가는 제각각인 광물성의 안료와 식물성의 안료들의 성질과 재질을 모두 파악하고 있었던 것으로 이해된다.

딸의 권유에 망설임 없이 무조건 응했다. 평소 그림에 소질이 있어서도 아니고, 잘 그려야겠다는 각오로 덤빈 것도 아니다. 게다가 이해력은 물론, 손놀림도 굼뜬 내가 번뜩이는 젊은 층의 구상에 맞설 리도 만무다. 감각도 둔하다 보니, 물감 농도는 붓을 칠할 때마다 번지는 것은 예사고, 채색도 엉망이었다. 그래도 작품 성공의 여부를 떠나 이젤 앞에 앉아 무엇인가를 그려보는 것만으로도 가슴 설렜다.

누가 보아도 세 살짜리가 끼적거려 놓은 낙서다. 하지만 어떻게 평을 하든 상관은 없었다. 내 영혼과 그들의 영혼이 똑같을 수 없다는 생각에서다. 그리고 시험을 본다거나 경연대회에 나갈 작품도 아니다. 그래서인지, 자유로운 내 붓놀림은 도화원의 어느 화원과 다를 바 없이 여유로웠다.

평온한 호흡이었다. 이상의 세계로 떠나는 여행의 붓은 수채화 물감을 타고 강을 건너서 산을 넘고, 아담한 초가집에 꽃밭까지 일구어냈다. 참으로 황홀했다. 이렇듯 그려놓고 내가 뿌듯하면 그뿐, 굳이 각도와 명암(明暗) 등에 신경 쓰면서 스트레스를 받을 게 뭐 있겠는가. 그렇게 한국화의 기본교육을 마친 후, 드로잉 수업을 선택했다. 그림공부에 욕심이 생겨서가 아니라, 이왕 시작한 김에 여러 장르의 미술 과정을 좀 더 이해하고 싶어서였다.

한국화와는 달리 현대미술은 주변에 모든 것이 재료가 되고, 작품화되었다. 도구와 소재도 무궁무진했고, 어떤 재료로 사용하여 무엇을 만들어내든 그건 곧 자기만의 창작이었다. 어느 날은 종이를 찢어 작품을 만들고, 어느 날은 우드락과 폼보드를 사용해 만들었다. 또 어느 날은 색색으로 코팅된 굵고 가는 구리철사를 자르거나 구부려서 작품을 만들어냈다. 그런가 하면 넓고 긴 천을 바닥에 깔아놓고, 그 위에 마음대로 각자 작품을 탄생시켜보라고 했다. 큰 천 위로 30여 명이 달라붙어 붓으로 그리는 사람, 잡지를 오려 붙이는 사람 등 다양한 문양들을 그리고, 붙였다. 각자의 작품은 하나의 걸작으로 탄생되었다. 그 대작은 종강 때까지 시립미술관 한쪽 벽면에 걸어놓고, 흐뭇하게 쳐다보며 들락거렸다.

서양미술에 흠뻑 빠져들었다. 종전의 수업보다 소질이 엿보여서도 아니다. 다만 기존의 틀에서 벗어난 자유분방한 교수의 교육방침이 좋아서였다. 그날, 그날마다 주제에 따른 영상 자료준비를 해온 교수의 열의 또한 남달랐다. 2시간 수업에서 1시간은 세계 유명작가들의 명작들을 간추려 보여 주었다. 대신에 1시간은 던져준 주제에 대해서는 저마다의 창의성에 맡기고, 마무리는 집에서 해온 숙제였다. 어느 날은 커튼을 치고, 전등을 끈 다음 어둠 속에서 하나, 둘 기억해낸 자신의 이목구비를 왼손으로 그리게 했다. "모두 다 그렸습니까?" "네" 수강생들의 대답이 끝나자 전등이 켜지고 다 함께 눈을 떴다. 순간, 찌그러지고 움푹 파인 제각각의 자신들의 얼굴을 보면서 모두 박장대소로 배꼽을 잡았다.

언제나 화기애애한 수업 공간에서 모두가 즐거워했다. 교수는 또 "하나의 주제로 어떤 작품이 나오는지, 돌아다니면서 다른 사람들의 작품 과정을 둘러보세요."라고 했다. 그래서 애써 붓을 잡고 그림을 그리지 않아도 좋았다. 수업시간에 돌아다니면서 이 사람, 저 사람의 작업하는 과정을 둘러보는 것도 재미있었다. 대부분 그날 주제는 집에서 며칠씩 걸려야만 작품이 완성되었기 때문이다. 수강생들이 어떻게 작업을 하던 완성될 때까지 전혀 관여하지 않았다. 각자 완성된 작품은 그야말로 창의성 그 자체였다. 상상을 초월한 저마다의 기발한 아이디어에 큰 박수를 보내주곤 했다.

붓 가는 대로 산과 바다가 생기고, 초목원은 동물들이 뛰어놀았다. 화판 위에서 탄생 되는 사물들은 내 영혼의 결정체였다. 이 작업을 통해 접근해본 작가들의 내면세계, 글 쓰는 작업 못지않게 고된 작업임을 알 수 있었다. 누구에게나 유명세는 거저 주어진 것은 아니다. 인정을 받기까지는 천재성과 함께 그만한 땀과 노력이 숨어 있었다. 간간이 누가 잘 나간다 싶으면 '그까짓 게 뭐 대단하다고, 운이 좋은 것뿐이지' 하고 시기심으로 씹어대는 이도 있다. 그러나 세상에 원인 없는 결과가 없고, 공짜 또한 없다. 간혹 과대평가 되는 경우 그건 일시적인 이름일 뿐이다. 조선 시대 작가들 또한 마찬가지다. 지속으로 부단히 노력한 작가들, 숙년 된 실력이 오늘까지도 인정받게 된 것이다.

나는 그림에 대해 1%도 소질은 없다. 그림을 안 그린들 어떻고, 못 그린들 어떠랴. 서둘러 해야 할 일도 아니고, 꼭 완성 시켜야 할 일도 없지 않은가. 이렇듯 태평인 것은 문학처럼 처음부터 욕심을 부리지 않아서다. 그동안 옛 그림들을 이론적으로만 알고 해설만 해온 입장에서 몸소 체험해본 그것만으로 만족할 뿐이었다.

참으로 즐거운 시간이었다. 다른 사람에게는 별것 아닌 성취도, 나한테는 더할 수 없이 귀중한 체험이었다. 신선하게 배어드는 또 한 번의 도전 '인생은 모험이고 도전이다.'라며 내일도 오늘처럼 살아갈 것이다.

풍경소리와 함께

"막내야! 추운데 어서 오렴." 두 분은 나란히 앉아서 나를 기다리고 계신 듯했다. 반가운 마음에 언 손도 아랑곳없이 두 분의 얼굴부터 매만졌다. 어렸을 때처럼 매달려 응석을 부리고 싶은 심정, 지금이라고 크게 달라진 건 없다. 어쩌면 그때보다 더 간절하고 애틋하게 느껴지는 것이 지금의 마음인지도 모른다. 자식을 낳고 키워본 입장에서일까. 천륜지정을 다소나마 헤아릴 수 있어서인지, 두 분의 품속에 오래도록 꼭 안기고 싶었다.

내 마음은 영원히 부모님과 함께하고 있다. 내면에서는 수시로 더듬는 엄마의 젖가슴에서 손을 뗄 수가 없다. 막내로 자라면서 사랑을 한 몸에 받던 그 시절도 엊그제 같고, 이미 추억의 향이 되어버린 부모님의 냄새, 어린 시절을 생각만 해도 마냥 좋기만 하다. 두 분이 하늘나라로 떠나셨음에도 여전히 어디 출타 중인 것으로 여겨진다.

아직도 삶과 죽음에 대한 분리가 안 된다. 머리와 가슴에서 이는 파동이 일치인 것을 보면, 난 정말 지진아인가 보다. 한 알, 한 알, 무릎 위에서 돌아가는 염주와 처마 끝 풍경소리, 이 모든 것은 한순간뿐이다. 그럼에도 계속 돌아가는 염주와 멈추지 않는 풍경소리처럼 원래대로 모든 것이 되풀이되는 양 믿으려 한다.

내 주변은 늘 그대로인 듯하다. 항상 부실한 나를 보살펴주신다고 여겨서인지, 부모님만 떠올리면, 마음부터 든든해진다. 그래서인지 두 분과 분리된 내 삶 역시 생각해 본 적도 없다. 모르는 건 물어보면 되고, 내 힘으로 못한 것은 도와주시고, 언제나 곁에서 나를 지켜보고 계신 듯하다.

이렇듯 만남의 연속이라고 생각해서일까. "내가 보고 싶거든 하늘을 보렴. 언제나 너를 응원하고 있는 우리와 만날 수 있을 것이다."라고 엄마의 음성은 법당 안에서도 들려왔다. 고개를 들어 두 분의 얼굴을 번갈아 보았다. 그윽한 미소로 내 마음을 어루만져 주고 계셨다. 안방에서 조잘거리듯 법당 안에서도 동심 속 어리광을 부리던 그 느낌이었다. 애태우던 번뇌(煩惱)를 물리치고, 부모님과 함께한 구정(舊正)의 법당은 이승과 저승을 연결해준 사다리였다.

2

그날 피렌체에서

꿀벌처럼 재생할 줄 알아야지

내 보물창고를 생각만 해도 최고의 갑부인 양, 뿌듯하다. '구슬이 세 말이라도 실에 꿰어야 보배다'라는 말을 모르는 건 아니다. 하지만 지금은 실에 꿸 생각보다 그냥 쉬고 싶다는 생각뿐이다. 그동안 동분서주로 허둥지둥 살다 보니, 정작 나 자신을 챙겨주지 못했다. 지친 내 육신부터 추스르기 위해 당분간 푹 쉬려고 한다.

무상무념 속에서는 청탁받은 글마저 미완성으로 손을 놓아버렸다. 그렇다고 해서 아깝다는 생각은 없다. 언제든 마음 내킬 때, 쓰면 되는 일, 그래서인지, 느긋하다. 예술에는 정해진 나이가 없고, 특히 문학 장르에서 은퇴 선언하는 이도 못 보았다. 절필할 결심이 아니면, 가슴에서 절절할 때 붓을 잡으리. 그때가 언제인지 모르지만, 문학도 나와 인연이 닿을 운명이라면, 조급해하지 않아도 기회는 찾아올 것이다.

표암(姜世晃)과 K 교수(姜凡牛)처럼 70이 넘어서 활발한 활동을 하게 될지, 누가 알겠는가.

K 교수, 표암처럼 단원과 같은 유명한 제자는 배출해내지 못했다. 아니 어쩌면 단원 버금가는 제자들이 곳곳에서 활발하게 활동하고 있는데, 내가 모르고 있을 수도 있다. 어쨌든 K 교수는 큰 명예를 얻지 못했지만, 많은 후학을 지도해온 교수이며, 문단계에서도 일찍이 잘 알려진 집필가면서 문학평론가이다. 작가들은 자신의 작품에 좋은 평을 받으면 기뻐했지만, 혹평받는 작가들은 K 교수를 몹시 싫어했다.

그분의 매너는 깔끔했다. 작품 평은 평으로 끝낼 뿐, 비겁한 뒷말 따위는 용납하지 않는 성품이었다. 누구든 언제나 모두 평등하게 대했던 올바른 어르신, 즉 존경심이 우러나오는 스승이었다. 스승의 날을 며칠 앞두고서였다. J 친구와 함께 전철 속에서 K 교수에 대한 이야기가 나왔다.

"우리도 언제 스승님을 찾아뵈어야지"

"그래" 하며 누가 먼저라고 할 것 없이 문안 인사를 드리러 가자고 했다. K 교수를 떠올리다 보면, 뇌리에서 맴도는 말이 있다. 전철 안에서 우연히 K 교수를 만났을 때다. 그날의 대화를 1999년 『운현수필』 4집에 실렸다. 그중에 몇 줄을 여기에 인용해 보도록 하겠다.

"왜 요즘 작품을 안 써요?"

"교수님! 책 읽기도 바쁩니다."

"개미처럼 모아만 두면 어떡해요. 꿀벌과 같이 재생할 줄 알아야지요."

"숙성시킬 시간이 필요한 것 같아요"

"한 살이라도 젊었을 때, 글을 써야만 좋은 작품이 나올 수 있지, 늙어지면 생각조차 단순해집니다. 그렇다면 좋은 글이 얼마나 나오겠어요?"

이후에도 나이를 먹어가고 있다는 걸 의식하지 못했다. 개미와 같은 생활은 그 후로도 바빴다. 국립중앙박물관에서 근무하게 된 이유도 좋은 글감을 찾기 위해서였지만, 시간이 없다는 이유로 글감들은 블로그 창고에 쌓아두기만 했다. 차곡차곡 쌓아둔 자료들은 소중한 자산로 보여 마치 나만 보물창고를 지닌 듯 흐뭇했다.

그동안 하루 24시간이 늘 모자란 삶이었다. 왜 그토록 바쁘게 살아왔는지, 모르겠다. 이제는 지난날들을 스스로 다독거리면서, 뭔가 좀 나에게 보상해주고 싶다. 아파하고 힘들었던 일, 슬프고 외로웠던 일, 등 내색 없이 잘 극복해냈다. 모든 걸 가족 중심으로 혼자 삭히면서 애써온 지난날, 스스로 박수를 보낸다.

무엇이든 하고자 할 의욕이 생길 때, 하리라. 그래서 느긋한 심정으로 태평스럽게 뒹굴뒹굴 즐기고 있다. 언젠가 기회가 오면, 그때는 저장해둔 보물창고를 열어서 아낌없이 활용해 볼까 한다. 문학도 나와 인연이 닿을 운명이라면, 저 위에 두 분처럼 벌꿀을 재생하는데, 마음껏 표출해 보리라.

거대한 예술의 전시장

세상이 온통 하얗다. 기상관측에서 많은 적설량을 기록했다는 뉴스가 마치 비상사태를 선포하듯 했다. 환경오염이 불러온 대재앙의 서막인지, 올겨울은 폭설이 잦다. 자연을 역행하는 문명에 의한 인재인가. 이런 기후변화는 인간들의 이기적인 욕심 때문이리라. 그래서 참다못한 천지신명은 탐욕에 찌든 오염된 세상을 하얗게 만들어버렸는지 모르겠다.

날씨가 좀 따뜻해지면 산책을 하려고 했다. 한파로 인해 운동부족으로 혈당수치는 점점 높아져 더는 기다릴 수가 없었다. 노원골 초입에서부터 등산객들은 이미 빙판길을 만들어 놓았다. 강추위도 아랑곳하지 않는 겨울 산행인들, 체인과 스틱으로 유리판 바닥을 찍어가며, 산길을 오르내리고 있었다.

비탈진 언덕을 조심스럽게 오르고 있을 때다. 설상가상으로 함박눈까지 퍼부어댔다. 몸을 웅크린 채, 온 신경을 곤두세우며 간신이 능선으로 올라섰다. 비로소 한숨을 돌리고 나서야 주변을 둘러보았다. 영원암과 구암약수터 쪽을 건너다보니, 넓게 펼쳐진 설원(雪原)은 그야말로 장관이었다.

'우와! 멋진 설원이다. 게다가 펑펑 쏟아지는 눈마저도 환상적이지 않은가.' 저절로 나온 감탄에 두 손을 높이 들어 올렸다. 산에서 벌어진 눈 잔치는 마치 나를 위한 듯했다. 나풀나풀 춤을 추는 무희(舞姬)들의 환영은 조물주가 안겨다 준 행운의 선물이 아닐 수 없다. 아름다운 선율과 율동, 눈보라가 만들어 낸 거대한 무대 위에서 아낌없는 기립박수를 보냈다. 황홀함을 혼자 누리는 순간, 신선들의 배려인 듯했다.

낙락장송 밑으로 걷고 있을 때다. '바로 이거구나. 그들이 본 설경을 여기서 만나다니…' 설원의 향연, 덤으로 준 또 다른 기쁨이었다. 조선 시대 설경(雪景山水圖)을 그렸던 화가들의 작품이 모두 한자리에 모아놓은 듯이 펼쳐졌다. 이정근의 「雪景山水圖」과 이인상의 「雪松圖」 등 어느 쪽 작품에 시선을 두어야 할지, 오직 나를 위한 거대한 예술의 전시장과 같았다.

불현듯 이인상의 고고한 삶이 뇌리를 스쳤다. 조선 시대는 흔히 사군자와 함께 소나무를 곧은 선비에 비유했다. 소나무가 선비의 자화상이라고 일컬은 것은 혹한 속에서도 늠름한 기상과 한 점 속기(俗氣) 없는 고아(古雅)한 모습 때문이다. 그중에 이인상은 스스로 외형적인 형태보다 내면적 진실성을 중시했고, 품격을 담아내는데, 무게를 더 두었다. 이렇듯 수준 높은 예술의 미학이 감추어진 곳, 바로 낙락장송이었다.

이인상은 서자로 태어나 청빈 선비로 살다간 문인 화가였다. 그의 조상들을 거슬러 올라가 보면 고조부는 인조 때, 영의정을 지낸 경여(敬輿)였고, 또한 왕족 후손이었다. 서자라서 문과(文科)에 응시할 수 없는 몸, 1750년 충청도 음죽 현감에 머물렀다. 고결하고 강직한 성격으로 인해 2년 뒤, 현감직마저 사퇴해버렸다. 그 후, 음죽현 설성(雪城)에 「종강모루(鍾崗茅樓)」를 짓고 은거하며, 궁핍한 생활로 여생을 보냈다. 곧은 그의 성품을 비유한 「설송도」, 그래서 유명한 대표작이 되었다.

이인상을 떠 올리다 보니, 그의 벗 황경원(黃景源)이 써준 묘지명의 일부가 생각난다. '세상 이치를 말할 때, 순리에 어긋나지 않았으니, 곧음을 예술로 승화했다. 오로지 의로움을 따른 사람…'이라고 했다. 생전에 두 사람의 품성은 비슷하여 우정 또한 깊었다고 한다. 형조판서와 예조판서를 두루 거쳤던 문신학자였던 황경원은 아첨해서 출세하는 것을 허락지 않고, 엄하면서 법도를 바로 지키는 사람이었다고 한다. 그래서 사후에 문신학자였던 오희상(吳熙常)은 두 사람의 일대기를 '이인상은 마른 학이고, 황경원은 곧은 대나무'에 비유해 표현했다. 두 선비의 고고한 성품을 존경했던 후학들에게 두 사람의 삶은 거울이 되었다. 옳은 일에는 몸을 사리지 않았던 바른 두 선비, 그들을 높이 평가하며 후학들은 그들의 뒤를 따랐던 것이다.

요즘이라고 해서 고결한 정신이 아주 실종된 세상은 아니다. TV에서 종교집단과 정치인들의 막말에 몰상식한 모습과 사리사욕의 혈안으로 눈살을 찌푸리게 하는 모습도 있지만, 그들은 일부다. 흔들림 없는 고결한 인품부터 높은 관직에 있음에도 전세 살이는 하는 정직한 정치인도 있다. 곳곳에서 나눔의 손길을 펼치는 따뜻한 가슴, 여기저기 숨은 의인들의 훈훈한 미담과 웃음 등 조물주가 만들어 놓은 세상처럼 아름답지 않은가.

함박눈이 쌓이는 산, 참으로 평화롭다. 나무와 산봉우리의 높고 낮음이 있음에도 시기와 불만도 없다. 잘나고 못남도 없는 곳, 모두 있는 듯 없는 듯 저마다 제 몫을 다하며 자연에 순응하고 있지 않은가. 이렇듯 여유롭고 질서정연한 모습으로 깨달음을 주는 이치, 우리가 배워야 할 부분이 아닌가 싶다.

순백의 세상은 황홀함 그 자체다. 설한풍에도 아랑곳하지 않고 초연한 위용으로 꿋꿋한 모습들, 참으로 멋지지 않은가. 고고한 곧은 가르침을 시사하는 겨울나무들, 나도 고결한 자연 앞에서 한 무리가 되어본다.

높아지는 행복지수

이제는 혼자 있는 시간이 마냥 좋다. '과감하게 정리할 수 있었던 용기에 박수 짝짝짝' 하고 스스로 칭찬을 아끼지 않는다. 샘물처럼 솟구쳐 오르는 만족감에 저절로 히죽거린다. 누구한테 방해받지 않는 시간, 조용히 눈만 감아도 평온하다. 이처럼 여유로움을 누릴 수 있었던 것은 포기와 함께 비워내기를 주저하지 않았기 때문이다.

한때는 각종 모임이 즐거웠다. 그네들의 배경이나 인품에 상관없이 깔깔대며, 함께 웃고 떠드는 시간이 좋았다. 하나의 숨구멍이라고 여겼던 모임, 시간 가는 줄 몰랐다. 그러나 어느 날 문득 쓸모없이 빼앗기는 시간이 아깝게 여겨졌다. 어떤 모임이든 준비하고 나가서 점심 식사 다음 차(茶)를 마신 후, 집에 돌아오면 저녁 준비할 시간이다. 이렇게 허비해온 날들을 문득 뒤돌아보게 된 것이다.

유익한 시간을 찾기 위해 주변 정리가 필요했다. 그렇다고 사람을 싫어하는 건 아니다. 지속으로 유지하고 싶은 인연들, 하지만 나 자신을 찾기 위해 정리에 들어간 것이다. 아까운 연결고리마저 미련 없이 끊은 후, 비로소 한가로움을 고스란히 맛보게 되었다. 그동안 바빴던 시간이 이렇게 여유로워짐은 마치 선물 받은 느낌이었다.

달콤한 세계를 모를 때, 혼자인 사람을 보면 외로울 것으로 생각했다. 하지만 그건 자신을 찾지 못했을 때의 선입견이었다.

좀 늦은 감은 있지만, 만족스럽다. 불필요한 물건들을 치워버리듯 주변의 깔끔한 정리는 잘한 일이다. 이런저런 모임과 인연들을 끊기 전까지는 적지 않게 고심했다. 좋은 사람과 좋은 만남 등 미적미적 미루며 망설여왔다. 그러나 고민과는 달리 과감한 결단과 용기로 한층 더 쾌적해졌다.

그렇다고 모임이 나쁘다는 뜻은 아니다. 어떤 모임이든 대화소통이 원활한 만남은 모이는 순간부터 즐겁다. 꼭 유익한 대화가 아니더라도 분위기 맞는 유머로 한바탕 박장대소는 막힌 가슴까지 뻥 뚫린 기분이었다. 서로 허심탄회 각자의 속을 까뒤집어 놓을수록 통쾌한 웃음, 늘 헤어져야 할 시간이 아쉬웠다.

그런 모임까지 끊어버린 결과에 쾌재를 부르고 있다. 이제부터는 넉넉한 시간을 마음껏 누려보리라. 오르지 홀로 이루어낸 인생의 참맛, 이제부터 당당하게 누릴 권리가 있다. 고요한 상념 속에서 끝없이 펼쳐지는 상상의 나래, 행복지수 또한 높아만 가고 있지 않은가.

그날 피렌체에서

우리나라는 비록 땅덩어리는 작아도 곳곳이 야외박물관이나 다름없다. 관심 갖고 보면, 풍요로운 석조유물뿐 아니라, 유적지 역시 많다. 시뇨리아광장 유물처럼 반들거린 등판에 섬세한 핏줄까지 나타나지 않으면 어떤가. 어깨나 팔, 엉덩이 등 근육과 양감 표현이 없다고 해서 형편없는 유물은 결코 아니다. 거칠고 밋밋한 표현일지언정 나름대로 뛰어난 미와 역사를 담고 있는 우리의 유물이 아니던가. 차이가 있다면, 단지 석질과 사회문화가 달라서 표현 방법이 다를 뿐이다.

전날은 관람객들의 긴 줄로 관람할 수가 없었다. 우피치미술관(Galleria degli Uffizi) 관람을 포기하지 않으리라는 각오로 그냥 돌아갔다. 그 이튿날 서둘러 다시 가서 짧은 줄을 섰다. 비로소 3층 회화, 2층 소묘와 판화, 1층 고서 등을 접하고 나서야 피렌체를 본 기분이었다. 14~16세기의 이탈리아 르네상스의 화가를 비롯해 17~18세기의 바로크와 로코코의 화가, 독일과 플랑드르의 북방 르네상스의 작품들이 전시되어 있었다. 미켈란젤로의 「성가족」 등이 눈에 띄는가 싶으면, 인파에 밀려 못내 아쉬운 눈길을 떼곤 했다. 보티첼리의 「비너스의 탄생」과 레오나르도 다빈치의 「수태고지」 역시 감상할 여유도 없이 발걸음을 옮겼다.

우피치미술관을 그렇게 둘러본 후, 시뇨리아 광장으로 나왔다. 이른 아침부터 서두른 탓인지 피곤했다. 안쪽으로 쑥 걸어가서 시청사(Palazzo Vecchio) 입구에 있는 계단에 편하게 앉았다. 휴식을 취하면서 우측 다비드 상과 좌측 헤라클레스와 카쿠스 상을 올려보았다. 양쪽의 두 작품은 옆면만 볼 수 있었으나, 광장 풍경은 한눈에 들어왔다.

자료를 펼쳐들고 인물(石像)들을 번갈아 보았다. 미켈란젤로의 작품, 물맷돌을 어깨에 둘러멘 다윗이 강렬한 눈빛으로 골리앗을 노려보는 표현부터 살폈다. 로마신화에서 빼놓을 수 없는 헤라클레스 모습, 그밖에 다비드를 주제로 제작된 도나텔로와 베록키오의 작품, 한 베르니니의 르네상스 작품 등 번갈아 보다가 다시 주저앉았다. 좀 전에 지나왔던 넵튠(포세이톤, 16세기 후반에 제작된 쟘볼로냐 작품) 분수 쪽으로 길게 시선을 옮겼다.

맞은편 회랑에서는 여전히 북적댔다. 한 무리가 지나가면 또 다른 무리가 몰려와서 카메라를 눌러대느라 정신없었다. 헤라클레스가 켄타우로스를 내려치고 있는 모습과 금방이라도 피가 떨어질 듯 잘려진 메두사의 머리를 들고 서 있었다. 페르세우스의 모습이 섬뜩해 회랑 쪽으로 고개를 돌렸다. 시선은 다시 정중앙으로 갔다. 여러 석조상보다 사람들의 표정들이 더 재미있었다. 광장 안의 풍경은 관광객뿐만 아니라, 각양각색이었다. 개, 말, 비둘기까지 뒤엉켜 있는 걸 보다가 불현듯 운주사 풍경이 떠올랐다.

도시와 시골, 참으로 대조적인 풍경이 아닐 수 없다. 한적한 곳에서 조용하게 감상하던 운주사의 뜰이 그리웠다. 우선 맑은 공기 속에 확 트인 푸른 공간이 눈에 선했다. 유물 또한 시뇨리아 광장의 과격한 표현으로 복제 석상이 아니다. 운주사의 석조물들은 이웃에서 흔히 만날 수 있는 친근한 표정에 모두 진품이었다. 소박하면서도 온화한 유물들을 대할 때마다 마음부터 편하고, 지친 심신까지 충전되는 1석 10조를 얻는 느낌이었다.

운주사의 석조물은 우선 형태가 갖가지다. 그리고 석탑에는 시대가 닮은 유물들이라서 더욱 흥미롭다. 부여정림사지 5층 석탑과 비슷한 백제 석탑, 신라 석탑 등 닮은 형태도 다양했다. 겹마름모꼴에 기하학적 무늬와 교차문양, 넓적하고 둥근 옥개석 밑에 연꽃무늬, 발우형 탑 등 기법도 쉽게 볼 수 없는 뛰어나 솜씨라고 한다.

이 돌은 한 곳에만 나온 아주 잘 부스러지는 석질이라고 했다. 그래서 화강암이나 대리석보다 오히려 훨씬 더 고도의 기술을 필요로 했다는 것이다. 세부적인 문양은 긴 풍화작용으로 마모되었지만, 석조물 형태가 지금껏 전해져 오는 것은 석공의 뛰어난 솜씨에 의해서라는 것이다. 유물마다 전문가들의 이런 견해를 들으면서 연거푸 감탄하지 않을 수 없었다.

문헌을 살짝 빌려오자면 이러했다. '1481년에 편찬된 『동국여지승람』(雲住寺 在天佛山 寺之左右山脊 石佛石塔 各一千 又有石室 二石佛 相背以坐)에 유일한 기록이 있다. 조선조 인조 10년(1632)에 발간된 능주읍지 「綾州邑誌」에도 '雲住寺 在縣南二十五里千佛山左右山峽石佛石塔 一千又有 石室二石佛相背而座' 기록에 의하면, 1천 기의 석불과 1천 기의 석탑이 있었던 것은 분명했다. 그러나 어디론가 다 사라진 지금은 석탑 17기, 석불 80여 기만 남아 운주사 뜰을 지키고 있을 뿐이다.

피렌체가 유명한 것은 그만한 노력이 숨어 있었다. 르네상스의 발원지, 꽃의 도시로 거듭나기까지는 전문가들의 자문 때문이다. 생색내기 위한 재개발이나. 재정비로 빛내는 단축공사가 아니었다. 자기네들만의 것을 소중히 여기면서 옛것들을 끊임없이 복원해온 긴 안목으로 오늘에 이르게 된 것이다. 마침내 로마 못지않은 역사와 문화의 도시로 일컬어지면서 피렌체 전체가 1982년에 유네스코 세계문화유산으로 등록되었다. 그래서 여행 책자에는 이곳 역사에서부터 우베르티(Uberti) 가문과 메디치가문(Famiglia Medici) 그리고 예술인들의 작품과 이름 등 상세하게 기록되어 있다. 그러나 운주사는 사찰의 이름(運舟, 運柱, 雲住)과 전설 같은 이야기만 무성할 뿐, 정확한 건 없다.

석공들은 물론, 언제 창건되었는지조차 모른다. 사찰에 관련된 분의 말씀에 의하면, 고려 초기쯤이 아닐까 했다. 『동국여지지(東國輿地志)』에 '고려의 승려 혜명(惠明)이 천여 명과 함께 천불천탑을 조성했다.'라고 기록되어 있다는 것이다. 혜명승려는 970년(광종

21)에 관촉사 대불을 조성한 혜명과 동일한 인물이라면, 그 무렵의 건립이 짙다는 것이다. 하지만 이것도 추측일 뿐, 확실한 증거는 아니다. 1984년부터 전남대학교 박물관에서 네 차례의 발굴조사와 두 차례의 학술조사를 했다. 그러나 창건시대와 창건세력, 조성배경에 대한 구체적인 확증은 아직 밝혀내지 못하였다는 것이다.

와불이 일어나야만 이 모든 것이 밝혀지려나. 여전히 불가사의한 유적지로 남아있는 운주사, 세계문화유산으로 손색이 없는 곳이다. 역사를 비롯해 뜻도 깊은 석조유물들, 저들처럼 관심 어린 손길이었다면, 이미 유네스코에 지정된 세계에서 으뜸가는 명승지가 되어 있었을 것이다. 그럼에도 세계에 알려지기는커녕 국내에서조차도 모르는 이가 허다하니, 실로 안타까운 일이 아닐 수 없다. 와불과 운주사 전경을 보기 위해 좌측 언덕으로 올라가듯, 시뇨리아 광장(Piazza della Signoria)에서 일어나 피렌체 전경을 보기 위해, 미켈란젤로 언덕으로 향했다.

나비야 너도 엄마가 보고 싶니

우리집 뒤뜰에 꽃들이 만발했다. 흰나비 한 마리가 날아와서 꽃을 감싸 안고 날아다닌다. 나비를 잡아보려는 듯 꽃나무 사이에서 노르스름한 고양이 한 마리가 응시하고 있다. 도심 속에서 이런 풍경은 옛 친구를 만난 듯 반가웠다. "얘들아! 안녕" 하고 아는 척을 했더니, 낯익은 길고양이는 엉금엉금 오다가 빈손인 걸 보더니, 휙 돌아서 가버렸다. 나비는 답례라도 하듯 이 꽃, 저 꽃에 연신 입맞춤으로 날아다녔다. 빈약한 꽃밭일지언정 어디선가 날아와 준 나비가 고맙기까지 했다.

친정엄마가 생전에 돌보던 꽃밭이었다. 이 아파트로 이사 온 후, 엄마는 뒤뜰에 빈터를 보신 것이다. 햇볕이 잘 드는 나무들 사이로 호미를 들고 땅을 고른 후, 화분에서 시들시들한 꽃나무들을 내다 심으셨다. 그리고 한 달가량 지나서 회생한 꽃나무들은 언제 아팠냐는 듯 제구실을 톡톡히 해내기 시작했다.

이듬해 봄, 엄마의 움직임은 더 부산해졌다. 지난해보다 좀 더 넓혀진 꽃밭에 봉숭아와 분꽃 등을 심어 놓고, 매일 물을 주었다. 틈만 나면, 잡초들은 뽑아내고 예쁜 화초들로 빼곡하게 잘 가꾸었다. 꽃들이 만발하면서 벌을 비롯한 온갖 나비들이 다 모여든 꽃밭, 생동감이 넘치는 모습에 매우 흡족해하셨다.

"장다리꽃에 앉았던 나비들이 여기로 다 모여들었구나"

"정말 그러네. 어머, 금방 날아온 저 나비 좀 봐. 인사 한번 요란스럽네. 그동안 엄마가 무척 보고 싶었던가 봐" 하고 나도 덩달아 맞장구를 쳤다. 만발한 꽃밭에 찾아온 나비들을 보는 순간, 엄마는 장다리꽃들이 흐드러지게 피던 시골집이 문득 그리웠던 모양이다.

시골집 텃밭 한쪽에서는 해마다 장다리꽃이 피었다. 저절로 피어난 것이 아니라, 무와 배추는 씨앗을 받기 위해 부모님이 일부러 가을 파종을 하셨다. 그리고 배추와 무는 한창 잘 자라고 있을 때, 찬 이슬이 내리면 부모님은 또 짚단을 풀어 덮어주었다. 추운 겨울을 이겨낸 무와 배추는 따뜻한 봄 햇살을 받으며, 속잎이 돋아났다. 어린 순들일 때, 뽑아서 겉절이를 해 먹고, 나머지는 그대로 둔다. 완연한 봄이면, 김장 무와 배추처럼 결구(結球)하지 않고, 웃자란 그 줄기가 장다리이다.

매년 봄이면 텃밭에서 장다리꽃이 만발했다. 갖가지 색의 다양한 나비들, 시골에서 우리집뿐 아니라, 곳곳에서 흔하게 볼 수 있었던 광경이었다. 그렇게 무리 지어 날아다니던 나비들, 하지만 요즘은 어쩌다 나비 한 마리만 만나도 그날은 행운의 날처럼 반갑게 느껴진다.

세태 흐름에 의해 장다리꽃은 시골에서도 보기 드물다. 요즘 씨앗들은 손쉽게 사서 파종하기 때문이다. 그래서 옛날처럼 무리 지어 노는 모습은 거의 볼 수가 없다. 도심 속의 아이들은 곤충 책에서나 만날 수 있는 나비들이 되어버린 것이다. 나 역시 들이나 산에서 만나는 나비들보다 그림 속에서 다양한 나비들을 더 많이 접한다.

그중에 예로 들어보겠다. 조선 시대 나비를 잘 그리기로 소문난 남나비(南蝶) 즉, 남계우((南啓宇) 그는 평생을 나비와 꽃 그림을 많이 그려왔던 화가다. 그의 작품 대부분 화려한 채색과 정교한 공필(工筆)을 사용하여 그린 것이다. 정확한 관찰력과 사실적인 세필묘사는 단순한 화접도가 아니라, 여러 종류의 나비와 다양한 꽃은 도감처럼 정확하다. 그림 속에서 어린 시절의 기억을 더듬어 나비의 종류를 한 마리 두 마리 찾아내기도 한다.

꽃잎을 안고 살포시 앉았다. 마치 제 어미의 품속을 파고든 것 같다. '1년생 곤충인 저 나비도 제 어미가 그리워 여기로 찾아온 것인가.' 매년 꽃밭으로 날아든 나비들에게서 나 또한 엄마(魂)를 만난 듯하다. 봄부터 가을까지 온갖 꽃들이 피고 지던 꽃밭, 앵두꽃과 모란도 피고 지고, 작은 뽕나무에서 오디도 열렸다. 하지만 엄마가 하늘나라로 가신 후, 풍성했던 엄마의 꽃밭은 누군가 의해서 한 그루, 두 그루 사라지면서 날로 황폐해져 갔다. 나 역시 바쁘다는 핑계로 안팎의 꽃들을 제대로 보살펴주지 못했다. 베란다에 있는 꽃나무들마저 하나둘 빈 화분들로 늘어났다.

지금은 작약과 난초와 백합 등 1년생 화초들 몇 종류만 밭을 지키고 있다. 언 땅에 뿌리를 박고 긴 겨울을 잘 버티어낸 건 주인과 상봉을 위함일까. 애써 피워낸 꽃을 나비에게 아낌없이 주는 모습은 경이롭기까지 하다.

엄마 생각이 저절로 간절했다. 한 세월을 가난 속에서 모진 풍파를 견디어내느라 당신의 육신은 사그랑이가 되어도 기꺼이 자식을 위해 희생해 주지 않았던가. 평생을 여식의 부족함까지 다 채워 주시면서, 진정으로 사랑해 주셨던 분이 바로 엄마였다. 그 모습은 보이지 않는 꽃밭, 지금은 옛이야기가 되어, 나비 한 마리만 날고 있다.

끊이지 않는 묵객들

따가운 햇볕이 비켜 가는 며칠 전이다. 미사리에서 점심 식사를 끝낸 3명의 친구는 분위기가 예전과 다르다면서 먼저 자리를 떴다. 남은 3명은 분위기 좋은 곳에서 차(茶)라도 마시자며, 강변길을 거슬러 올라갔다. 자동차 안에서 이런저런 얘기를 나누는 사이 두물머리에 이르게 되었다. 이곳은 계절에 따라 혹은 날씨에 의해 변하는 풍경이 아름답기로 유명한 곳이다.

강변의 햇볕은 따가웠다. 그럼에도 추억을 담으려는 이들은 적지 않게 움직이었다. 우리 역시 강한 햇볕은 아랑곳없이 찰칵, 서로 찰칵, 찍히고 찍어주고, 휴대용전화기로 신나게 눌러댔다. 이 포즈, 저 포즈로 깔깔대던 한 친구가 "저쪽이 수종사면 그럼 저게 족자도 맞아?" 길게 누워있는 두물머리 섬을 가리키며 물었다, "아냐, 우리가 서 있는 곳이 족자도야. 그치?" 옆에 서 있던 친구도 아리송했던지, 나의 대답으로 확인하려고 했다. "글쎄, 해설하는 그림 속의 지형과 달라서 잘 모르겠네." 하고, 몇 해 전, J 친구와 함께 왔던 기억을 더듬어 복사본이 세워진 쪽으로 다시 갔다.

정선의 그림 「독백탄도(獨栢灘圖)」 모사본을 보았다. 수종사, 운길산과 예봉산 등을 둘러보니, 후자 쪽 친구의 말이 맞는 것 같았다. 우리 추측대로라면, 양쪽의 두 여울과 장대석이 있던 위치가 현재 주차장과 건물들이 있는 곳이다. 그림 속을 보면, 당시에 뾰족뾰족한 장대석의 섬이 거대하게 배치하고, 양쪽으로 뱃길을 거부한 사납던 여울목이 그려져 있었다. 그러나 지금은 2백여 년 느티나무들만 전설처럼 남아서 족자섬의 위치를 확인시켜 주는 듯했다.

우리도 느티나무 그늘 밑으로 자리를 잡았다. 주변 사람들을 둘러보니, 강바람에 휘날리는 머리카락과 옷자락 등, 마치 영화 속의 멋진 주인공들 같았다. 건너편 수종사 쪽에 시선을 두고 자연스럽게 절경 감상으로 젖어 들었다. 육로가 발달되기 전, 나룻배로 수종사까지 드나들던 황실 사람들, 불교를 배척하는 세인들의 눈을 피해 이곳까지 참배를 다녔던 곳 아닌가.

이곳은 예로부터 많은 묵객의 시선을 잡아 끌어들였던 곳이다. 수많은 시와 그림들이 뇌리에서 파노라마처럼 펼쳐졌다. 그중에 빼놓을 수 없는 명사(名士) 두 명을 예로 들추어보자. 먼저 정선의 스승(金昌翕)은 1688년에 뱃길로 여기를 지나다니면서 글을 지었다. 그는 이곳 즉 남한강과 북한강 수로를 여행한 후, 「단구일기(丹丘日記)」를 남긴 것이다. 훗날, 정선(鄭敾) 역시 스승의 뒤를 이어

단양의 명승지들을 그렸다.

지금의 팔당호와 충주호가 생기기 전, 그 옛날 삐거덕거린 나룻배를 타고 온 정선 역시 「독백탄도」 작품을 탄생시켜 놓지 않았던가. 그 외에 작가들 또한 두물머리 풍경에서부터 단양팔경 명승지를 시화(詩,畵) 등 남겼다.

정선은 두 권의 「경교명승첩(京郊名勝帖」을 만들었다. 이 화첩이 만들어진 출발점은 두물머리부터였다. 첫 번째 첩을 만들고 십 년이 지난 후, 여름에 다시 두물머리로 왔다. 두 번째도 여기서 시작해 행주산성에 이르기까지 한강 변의 풍경을 담은 것이다. 이렇게 만들어진 두 첩(上券, 下券)을 포함해 모두 33점으로 수록되어 있다.

언제부터 저 섬은 한가운데로 쑥 디밀고 들어왔을까, 가로로 길게 누워있는 섬, 북한강과 남한강의 물을 양쪽으로 갈라놓은 두물머리, 그래서 더욱 빼어난 선경산수(仙境山水)가 되었으리라. 세월과 함께 적지 않게 변한 경관, 그러나 끊이지 않는 묵객들의 발길은 여전하지 않은가. 저기 앉아 시화로 심취된 이들, 예전의 모습과 뭐가 다르랴. 수많은 묵객, 선경을 향한 탐심은 시대를 막론하고 변함없나 보다.

"예술이다, 예술" 이 감동은 비단 우리뿐 아니었으리라, 가슴으로 스며든 시심, 필기도구와 예능 기질 또한 뭐 필요하리. 이 절경을 감동하고 나름대로 만끽했다면, 그것으로 창작자(創作者)고, 두고두고 기억에 남는 훌륭한 예술가가 아니겠는가.

바보의 웃음

바보의 거울은 태어날 때부터 부모님이었다. 그래서 세상 모든 이의 심성은 부모님처럼 고운 줄만 알았다. 하지만 결혼 후, 주변의 거울은 오직 화려한 외형장식에만 관심 둘 뿐, 그 외는 아랑곳없었다. 한동안 가슴 없는 앵무새의 입놀림에 적지 않은 상처를 받았다.

그 아픔을 치유하기 위해 십여 년간, 몸이 부서지도록 일만 했다. 땀방울의 노력으로 좀 더 나은 주거환경과 두 대의 자동차를 얻고, 약간의 여유로운 생활을 누릴 때, 앵무새들은 잠잠해졌다. 그러나 혹사시켜 온, 몸은 거듭된 대수술로 병원 신세를 져야만 했다.

퇴원 후, 서서히 산책을 시작했다. 조금씩, 조금씩 늘려 다닌 산책은 차츰 먼 산행으로 이어졌다. 그동안 무심히 보아왔던 산, 알고 보니 나의 의사고, 스승이며, 친구였다. 이들과 함께 호흡하면서 심하게 앓던 육신도 서서히 회복되어갔다. 비로소 세상이 아름답게 보이면서 인생살이가 사계절의 나뭇잎과 같음도 깨달았다.

이전에는 심신이 아프면, 모두 끌어안고 절간으로 갔다. 부처님 앞에 엎드려 하소연하고 나면, 내 뜻이 좀 전달되는 기분이었다. 그러나 돌아오면 달라지는 것은 아무것도 없고, 현실은 모두 그대로였다. 바보를 놀리기라도 하듯 절대자(絶對者)의 웃음은 마음속에서 웃고 있었다.

어려서는 동네 교회 목사님의 설교가 절대자의 말씀처럼 들렸다. 결혼 후부터 스님의 법문이 절대자의 말씀으로 다가왔다. 그래서 부모님의 영정까지 절간에 모셔놓고, 다른 불자들처럼 매달 초하루면 무량사로 갔다. 그러나 바쁘고 멀다는 핑계로 자주 찾아가지 못했다. 그렇다고 어느 종교를 더 마음에 담아두거나, 목사님의 설교와 스님의 법문이 듣기 싫어서도 아니다.

언제부터인지 잘 모르겠다. 특정한 장소에서 찾지 않아도 어디서든 자신이 좋아한 신(神)은 만날 수 있었다. 그래서 네 종교, 내 종교를 비교하는 모습도 어리석은 짓으로 보였다. 교회에 가면 목사님과 절에 가면 스님만 눈에 띌 뿐, 절대자는 눈에 띄지 않았다. 그들은 절대자의 말씀을 대신 전해주는 사람일 뿐, 신은 아니다. 하지만 절대자인 양, 한때는 그들이 전해주는 말은 무조건 그대로 다 믿었다.

장소가 어디든 상관없다. 사물이 무엇이든 바보의 마음을 일깨워주는 대상물이 바로 신으로 여겨진다. 하늘과 땅, 산과 물 등 대상물은 다양하다.

바보의 여유로운 정신이라고나 해야 할까, 정상인 이들이 보았을 때, 비정상적인 점은 한둘이 아니다. 우선 혼자 있는 것을 좋아하고, 나와 무관한 일에는 관심도 없다. 누구의 시선도 의식하지 않을뿐더러, 경쟁대상 또한 없다. 따돌림을 당할지언정 남의 험담을 즐긴 이들과는 상종하기 싫다.

바보짓은 이뿐만 아니다. 사람을 제대로 분별을 안 한다. 그가 재벌 총수든 노숙자든 모두 똑같은 이웃 주민이다. 나한테 높고 낮은 신분 차가 없다 보니, 우러러볼 사람도 없고, 무시할 사람도 없다.

어떤 좋은 기회가 주어져도 마찬가지다. 상대방을 밟고 일어서는 일이라면, 피해버린다. 때로는 약삭빠르게 비위를 맞춰야 함에도 아부할 마음이 움직이지 않아 기회를 놓아 버린 경우도 허다하다. 이런 바보한테 간간이 거들먹대는 멍청이도 눈에 띈다. 뭐가 잘 났다는 거지, 우쭐대는 구석을 찾다가 내심 코웃음으로 넘긴다.

눈앞에 벌어진 큰일 또한 마찬가지다. 생사가 걸린 위급한 상황이 아니면 '뭐 그럴 수도 있지' 하고 별거 아닌 듯, 느긋하게 넘겨버리기 일쑤다. 그러다 화가 끓어오르는 일은 언성 높이기 전, 날숨을 길게 내 쉬면서 내심 '아무렴 어떠하랴. 무거운 너의 죄업은 어차피 네가 짊어지고 가야 할 짐이 아니더냐' 하고 시원하게 내뿜어버리곤 한다.

그렇다고 나쁜 짓을 마냥 포용하는 건 아니다. 지렁이도 밟으면 꿈틀하듯, 바보의 심기를 연거푸 짓이겨 대면 '꿈틀' 정도가 아니라, 전쟁이다. 흔한 일은 아니지만, 억울하게 당했던 일이 그만큼 쌓였을 경우다. '이건 진짜 아니다'라는 순간, 성난 사자처럼 끝장낼 기세로 덤벼든다. 특히 야비하고, 교활한 행위로 해침을 당할 경우, 더는 용납 못 한다.

이렇게 거듭된 세월에 의해 세상살이가 무엇인지, 알만큼 살아왔다. 한평생 잃은 것보다 얻은 것이 더 많으니, 그래도 잘살아온 셈 아닌가 싶다. 딱히 자랑하고 내세울 건 없을지언정, 낮은 곳에서나마 나름대로 즐거움과 행복을 누릴 수 있으니, 천지신명께 감사할 뿐이다. 자연을 포함해 바보를 호응해준 주변 사람에게 고맙고, 바보로 살아온 나 자신한테도 감사하다. 이 모든 것은 언제 어디서든 있는 듯, 없는 듯, 바보의 거울처럼 살아온 유전적인 천성 때문이었으리라.

사금파리에 숨겨진 꽃

부안청자박물관을 찾았습니다. 이곳은 고려문화를 대표하는 청자의 중요 생산지로 알려져 있습니다. 도자기들은 어떤 과정을 걸쳐서 만들어졌을까 좀 더 상세히 알고 싶어서였습니다. 특히 부안((柳川里)에서 제작된 상감청자는 그 질이 매우 우수하여 왕실과 관청에서 사용되어 왔다고 합니다. 최근 전북 근해에서 발굴된 다량의 청자를 통해 개경으로 운송되었던 사실이 하나, 둘 증명되고 있습니다.

이날은 월요일, 휴관이었습니다. 그럼에도 미리 연락받은 학예연구사 한정화 씨가 쉬지도 못한 채, 우리를 맞이해 주었습니다. 그녀는 박물관 내에 있는 전시장과 청자 및 도예 연구공간과 부대 관리시설 등을 돌아보면서 열심히 설명을 해주었습니다. 그곳에는 고려청자 가마에서부터 유천(柳川), 우동(牛東), 진서리(鎭西里)에서 출토된 청자와 함께 다양한 도편들이 진열되어 있었습니다.

사금파리를 학술용어로 도편(陶片)이라고 합니다. 이곳의 청자도편 단면을 보면, 회색과 붉은색 등 조각마다 각자 다른 색입니다. 현미경으로 보면, 1mm의 반 정도의 덮여 있는 유약 층이 보이곤 합니다. 바로 이와 같은 방법으로 분석해 시대와 문화발전 등을 연구하게 됩니다. 유천리 7구역 발굴 조사를 통해 그동안 부분적으로 알려진 청자의 실체가 밝혀지고 있답니다. 고려청자 생산의 중심지였던 부안 유천리 가마터는 현재 사적 제69호로 지정된 곳입니다. 이곳의 청자도편은 청자를 연구하는데, 귀중한 자료가 되고 있답니다.

이 도편들의 생김새 또한 가지각색입니다. 상감청자운학문매병(象嵌青磁雲鶴紋梅瓶)과 상감청자 여지당초문발(象嵌青磁茘枝唐草文鉢) 그리고 상감청자 파초문섬문매병(象嵌青磁芭蕉蟾文梅瓶) 등 한낱 도편일지언정 유심히 들여다보는 눈빛은 강렬했습니다. 진열장 속에서 조명을 받는 미인 도자기들과는 달리 울퉁불퉁, 뾰족뾰족, 정말 볼품없이 깨진 사금파리에 불과했습니다.

'이런 사금파리가 유물이라?' 수십 년 전, 지천으로 깔려 있던 사금파리와 별반 다를 게 없어 보였습니다. 어린 시절, 친구들과 소꿉놀이를 할 때, 울타리 밑에서 크고 작은 사금파리 몇 조각들을 주워들고 왔습니다. 주발과 대접 밑바닥은 밥솥과 국솥이 되고, 깨진 몸체 부분은 용도에 맞게 돌멩이로 다듬었습니다. 그러면 우리가 원하는 소꿉놀이 용품이 되어 주었던 깨진 사금파리였습니다. 그런데 지금은 박물관진열장 속에서 귀중한 유물자료로 전시가 되어 있습니다.

고려청자 중에 여기서 출토된 유물이 가장 아름답다고 합니다. 12세기 후반~13세기에 만들어진 꽃으로 일컬은 답니다. 대접이나 다완, 그리고 상감청자화문접시(象嵌青磁花文楪匙) 등 여러 색의 도편들이 증명하듯 다량의 청자가 여기서 만들어졌음을 실감할 수 있었습니다. 도자기에 새겨진 문양을 보고 있노라면, 마치 물고기가 파도 속을 헤엄치는 듯한 느낌이었습니다. 형태뿐만 아니라 색깔과 문양들부터 도공들의 뛰어났던 기술을 한눈에 감상할 수 있었습니다. 매병과 참외 모양 병, 화분 등에 새겨진 구름과 학 무늬를 비롯해 앵무새와 연꽃과 국화무늬 등에 눈길이 멎곤 했습니다.

또 하나 눈여겨본 상감청자당초문매병(象嵌青磁唐草文梅瓶)입니다. 이 매병의 경우 밑지름이 23.7cm이나 된답니다. 굽는 과정에서 가마 열도가 잘 맞지 않아서 주저앉은 상태랍니다. 완성되었다면, 이 매병의 비례로 보아 높이는 무려 7, 80cm쯤 짐작되었습니다. 현재 전하는 매병의 크기는 대부분 30~40cm 정도, 문양과 크기를 보아 분명 걸작이 되었을 것입니다. 고려 시대 470여 년 동안 비색(翡色)청자와 상감청자를 굽던 곳은 전국에서 두 곳밖에 없었다고 합니다. 중국도 괄목상대(刮目相對)하게 한 고려 상감청자가 어디서 만들어졌는지, 바로 전라도 땅끝마을 강진과 전북 부안 유천리(柳川里) 이랍니다.

유천리 청자 가마터는 1929년 3월 발견했다고 합니다. 그러나 『고려 도자의 연구』라는 저서로 유명한 일본 인학자 노모리 켄(野守健)은 1934년 학계에 처음 보고했답니다. 그동안 자기네들 나름대로 연구하여 뒤늦게 세상에 알린 것입니다. 그리고 30여 년이 지난 후, 우리나라는 그때 비로소 독자적으로 연구조사가 실행된 것입니다. 국내 전문가들의 손에 의해 1966년 국립중앙박물관이 정식조사를 시작했다고 합니다.

우리는 박물관을 나와서 우측으로 올라갔습니다. 학예사로부터 설명을 듣고 제69호 가마터를 살펴보기 위해서였습니다. 지금은 형체만 복원된 가마터에서 학예연구사의 해설은 계속 이어졌습니다. 본래의 아치형의 긴 터널식 단실 가마, 진흙으로 벽체를 만들고, 아궁이와 '소성실' 굴뚝이 통으로 연결된 오름 가마 구조였다고 합니다. 가마의 크기를 보아 당시 엄청난 규모의 생산지였을 거라고 합니다.

다시 밖으로 나와 주변을 살펴보았습니다. 가마터 주변은 황토와 나무, 그리고 맑은 공기가 잘 어우러진 곳이었습니다. 우리가 살면서 평소 흔하게 접해온 공기와 물처럼 대수롭지 않게 여겨온 주변의 사물들, 곳곳에 널려 있어 귀한 줄을 몰랐던 것입니다. 그래서 소홀히 넘겨버린 사이에 이웃 나라에서 꿀꺽, 꿀꺽, 보양식처럼 잘도 삼키고 있었던 것입니다. 우리의 고구려 유적지와 마찬가지로 고유의 민속놀이와 심지어 아리랑과 막걸리까지도 그렇습니다. 이러다가 훗날 우리의 후세들에게 무얼 남겨주고 갈 것인지….

신선놀음

한때 주말과 연휴는 부부동반으로 산에서 보냈다. 남편을 비롯해 그의 친구들은 산을 좋아했다. 우리나라 명산에서 1박 2일, 2박 3일은 보통이었다. 느긋하게 부부가 함께 다닌 산행, 계절을 가리지 않았다. 오밤중도 아랑곳없이 정월 초하루 해돋이를 보기 위해 대청봉과 지리산, 한라산 등 정상에서 떠오르는 태양을 보며 두 손을 모아 소원을 빌곤 했다.

산은 무엇보다 겸손함을 일깨워 주는 곳이다. 사계절의 나뭇잎을 보면서 인생살이를 배우고 깨달음을 얻곤 한다. 좁은 사고력과 시야를 넓혀 주는 산, 세상 모든 것에 고마움 또한 마냥 커진다. 이렇듯 자연에서 얻는 깨달음을 어찌 다 손으로 꼽겠는가. 가난해도 서로를 아껴주는 가족, 하루하루 무사히 살아줌도 감사하고, 사회의 반듯한 일원이 된 자식들도 고맙다.

'나는 복 받은 사람이다'라고 되뇌곤 한다. 누구나 자기만의 만족으로 살아가듯 나 역시 마찬가지다. 지금의 내 생활에 만족스러움은 산을 옆에 끼고 살아서다. 산을 오르면, 인격함양과 함께 건강에도 적지 않은 도움이 되고 어느 사물이든 순화되어 육신이 평온해지기 때문이다.

깊은 산이 아니면 어떤가, 명산이 아니라도 좋다. 수락산 역시 나를 응원해주고 지켜주는 친구들이 있다고 믿어서인지, 마치 어머님의 품속 같은 느낌이다. 한여름은 뙤약볕을 가려준 시원한 숲과 한겨울은 병풍산으로 포근하게 나를 감싸주기도 한다.

언제라도 마음만 먹으면, 고요 속에 머물 수 있어 좋다. 사계절을 30여 년간 오르내리며, 자연의 벗들과 함께한 힐링(Healing) 장소, 사색의 공간이기도 하다. 우두커니 앉아 흘러가는 구름이나 계곡물을 바라보고 있노라면 그 순간은 모든 걸 다 잊는다. 자연 속의 일부가 되어 있을 때, 늘 그러하듯 신선의 세계로 초대받은 기분이다.

요즘은 매일 외출을 자제하라는 문자메시지를 받는다. 나라 전체가 폭염 특보와 함께 코로나19+델타바이러스 확진자들이 급증하고 있어서다. 서울 온도는 연일 36°, 37° 폭염 특보까지 내려진 비상상태다. 실내 에어컨 역시 짜증스러운 소음으로 뿜어대고, 밖은 살인적인 햇볕에 금방이라도 내 살을 다 익혀버릴 것 같다. 그래서인지 풀벌레들마저 데어 죽었는지, 조용하다. 숨이 턱턱 막히는 날, 배낭을 짊어지고 향한 곳은 수락산이었다.

어느 공간보다 산이 가장 좋아서다. 깊은 산중에 뾰족뾰족한 암봉, 신령스러워 보였고, 두 손을 모아 소원을 빌면, 내 소원을 다 들어줄 것만 같아서가 아니다. 자연 속에 머문 순간은 내 영혼마저 내려놓고 무상무념(無想無念)일 때가 좋다. 계절 따라 산행코스가 다르듯 그날, 그날 기분에 따라서 느낌도 달라지는 산행, 세속과 동떨어진 기분은 한결같이 신선의 세계로 빠져든 느낌이다.

요즘은 주로 혼자 수락산을 오르내리고 있다. 전처럼 누구와 어울려 다닐 수 없는 시국이다. 그래서 틈나는 대로 자유롭게 오르내리고 있다. 한 번씩 오르면 긴 그림자가 드리울 때까지 바위 위에 호젓하게 걸터앉아서 시원함이 서늘한 느낌일 때까지 자연을 만끽하고 온다.

여기서 40분 정도 내려가면 우리 집이다. 그럼에도 저 아래와는 달리 여기는 적막한 세상이다. 우거진 숲과 고요 속에 오직 흐르는 물소리뿐이다. 이런 느낌에서 옛 선비들도 계곡을 찾아들어 혼자만의 고요함을 즐겼던 모양이다. 나 역시 옛 그림(故事人物圖) 속의 인물들처럼 유유자적한 자세로 자연과 만끽하고 있으니, 신선놀음이 따로 없지 않은가.

문명 속의 악재

“너희는 복 받은 세대들이다. 태평 시대에서 무엇이든 마음껏 누리고 있으니 얼마나 좋아”라고 하셨다. 나 역시 대한민국에서 가족과 함께 문명의 혜택을 누리고 있음을 늘 감사히 여기고 있다. 그중 하나가 팬데믹 세상에서 전자기기 즉, 컴퓨터나, 스마트폰을 통해 무엇이든 필요한 물품을 간편하게 살 수 있어 좋다.

요즘은 서로서로 접촉을 피하는 세상이다. 지지난해 초부터 코로나19, 델타, 오미크론 변이바이러스가 전세계를 위협하고 있다. 방역수칙을 비교적 잘 지켜온 우리나라도 요즘 하루 5만 여 명의 확진자가 나오고 있다. 그러다 보니, 대한민국뿐 아니라, 전 세계가 날로 활성화된 문명의 혜택을 누리는 건 공통일상이다.

주부인 내 관심사는 주로 고품질에 저가 품목들이다. 그날의 세일 품목은 무엇인가, 먼저 필요한 웹사이트(web site)에 들어가서 사진으로 훑어본다. 여기저기 같은 품목의 가격을 비교해본 후, 식재료(食材料) 쪽에서 장바구니 담곤 한다. 배달원이 인터폰을 누르면, 현관문을 열고 들여오면, 그날 장보기는 끝이다.

20여 년 전만 해도 오늘의 시스템은 상상도 못 했다. 그때만 해도 주로 재래시장과 동네 구멍가게에서 물건들을 구매했다. 번거로움을 감수했던 그때, 이동 거리가 멀면 자동차에 싣고 오거나, 가까우면 들고 다녔다. 동네로 들어선 기업형 쇼핑물, 구매한 무거운 물품운반 수고를 그나마 덜어 준 것은 백화점과 큰 마트였다.

"참 좋은 세상이다" 엄마가 생전에 자주 쓰셨던 말이다. 물건을 사면 집까지 배달해 주고, 생활 도구도 단추만 누르면, 해결된다며, 간편해진 세상을 천국이라고 하셨다. 자급자족해서 얻었던 귀한 물품들을 지금은 쉽게 구할 수 있어 덩달아 호사를 누린다며, 좋아하셨다.

당신 어린 시절은 일본인들의 세상이었다고 했다. 무엇이든 공출이란 명목으로 착취해가는 시국에서 어렵게 목숨만 부지했다고 한다. 일본 앞잡이들은 동족들을 염탐하고 괴롭혀서 더 꼴 보기 싫었고 농촌 무지렁이들의 바람은 오직 공출 없는 세상에서 자유롭게 사는 것이었다고 했다. 애써 농사를 지어놓으면, 70~80%는 공출로 빼앗아 간 엄마의 이야기 중에 옷과 관련된 집안일을 요약해보겠다.

"새 옷 하나를 입는 것도 1년 농사였다. 삼베 농사로 베를 짠 여름옷 감과 목화 농사로 짠 겨울옷 감 무명베는 10필을 짜면, 7~8필은 공출이었다. 고급옷감으로 속했던 명주와 모시 옷감은 그나마 필요한 물자로 물물교환으로 인해 고급옷을 걸칠 엄두도 못 했다.

겨울철 빨래가 손이 많이 갔던 옷이었다. 양잿물이 나오기 전, 짚, 풀로 태운 잿물이나, 콩 삶은 물에 담가서 냇물 얼음구멍을 뚫어 맨손 빨래였다. 흰 양잿물 덩어리가 나온 후부터 각 가정에서 쌀겨와 섞어 만든 비누로 사용했다. 애벌빨래만 하는 게 아니라, 다시 삶아 빨아 밥풀을 물과 함께 주머니에 넣고 주물러서 풀 먹힌 후, 고들고들 마르면, 다듬질하거나, 숯 다리미질을 한다. 빨기 전에 미리 빼놓았던 솜을 다시 본래 옷에 그대로 넣고, 한 땀, 한 땀, 꿰매서 입었다.

지금은 단추만 눌러주면 세탁기가 탈수까지 해주잖아. 주방일도 확돌이나 맷돌에 갈던 식재료는 믹서기가 갈아주고, 전기밥솥은 보온까지 해주고 너희는 복 받은 사람들이다."라고, 그때의 고생담을 들려주시곤 했다.

내 어린 시절의 대전은 역전 주변만 번화했다. 변두리는 거의 시골이나 마찬가지였다. 친정집의 필수 생활도구들, 절구통을 비롯해 체, 얼금이 등 부엌문 옆에 놓여 있거나, 벽면에 걸려 있었고, 엄마가 서울로 오시기 전까지 줄곧 사용했다.

밥도 주로 나무를 때서 짓곤 했다. 연탄아궁이는 있었지만, 한겨울에만 쓰이던 절약형 난방용이었다. 여름철은 보리쌀을 삶아 저녁거리는 대소쿠리에 퍼서 시원한 곳에 걸어 두었다. 밥을 지을 때, 흰쌀을 살짝 얹어 불을 때서 밥물이 넘치면, 멈추었다가 다시 뜸 불을 살짝 지펴 넣었다. 이와 같은 고된 삶을 살아온 농촌 여인네들, 우리 부모님의 세대가 가장 어려운 시대에 고달팠던 과도기가 아니었나 싶다.

이제는 전설처럼 치부해 버린 시절이 되었다. 지금은 편리함을 추구하는 시대이다. 자신들의 안전가치가 최우선이 되었고, 거리두기와 비대면 세상이다. 이 틈새를 파고든 획기적인 온라인서비스, 직접 접촉할 필요가 없는 최고의 장점을 마다할 이유가 없다. 나 역시 팬데믹 상황에서 간편함을 누리는 중에 문제는 배달되어 온 물품 손상 보호용 포장이다.

매주 한 번씩 배출하는 재활용은 다양하다. 종이박스와 플라스틱, 비닐봉지 등, 물품 종류에 따라서 내놓곤 한다. 만약 내가 당뇨 환자가 아니면, 이웃 주민들처럼 많은 양을 내놓았을 것이다. 자극적인 음식에서부터 여러 가지 식단조절이 필요한 나로서는 직접 만들어 먹을 수밖에 없다. 그 덕분에 배달음식 용기는 줄어든 셈이지만, 그래도 화요일마다 한 아름씩 끌어안고 내놓는다.

'저 많은 독성플라스틱 뒤처리는 다 어찌할꼬' 각 집에서 배출해낸 산더미로 쌓인 재활용 중에 독성플라스틱 용기들이 걱정된다. 언론매체를 통해 유해 화학물질인 프탈레이트는 생식독성물질, 발암물질 등 알기 때문이다. 그래서 평소 최소화로 사용해온 노력에도 불구하고, 여전히 우리 집 안에 플라스틱 용기들은 상당수를 차지하고 있다.

이건 편리한 문명이 가져다준 악재다. 이 순간도 유해물질은 부메랑이 되어 우리 가족의 몸속에 켜켜이 축적되고 있다. 이대로라면 머지않아 결국 어류와 조류처럼 죽어갈 것은 자명한 일,

비단 우리 가족만의 문제가 아니다. 모두가 위험에서 벗어나기 위한 서로의 합심과 경각심으로 개선해 나가는 것이 급선무가 아닌가 싶다.

친정엄마 어린 시절의 어르신들에게 새삼 감사한 마음이 커진다. 엄마의 옛이야기들이 숭고한 미담으로 기억되는 것은 편리한 문명이 가져다준 오늘의 악재 때문이다. 그 어르신들의 세상은 의식주(衣食住) 생활 자체가 친환경적인 삶이었다. 자연에서 얻어 사용한 후, 다시 자연으로 되돌려주었다. 노동력으로 고달프게 살았을지언정 후손들에게 유해 쓰레기는 남기지 않았던 어르신들께 비로소 고맙게 느껴진다. 우리도 친환경 세상을 만들어 내 손주들도 안전한 세상에서 "참 좋은 세상이다"라고 흡족하게 살아가는 세상이기를 바라는 마음 간절하다.

3

배낭 속에 넣고 다니는 비밀

- 꿈만 같았던 일
- 남은 웃음을 위한 침묵
- 돌덩어리에 밴 고구려 숨결
- 아늑한 폐사지에서
- 본받은 교훈을 가훈으로
- 배낭 속에 넣고 다니는 비밀
- 최후의 슬픈 그날
- 태평 시대에 여유로움
- 한 줄의 문구
- 화두(話頭)의 비밀
- 나의 국보

꿈만 같았던 일

"청명상하도(淸明上河圖)와 고소번화도(姑蘇繁華圖)가 온대요."

"10월부터 11월까지 기획 전시인데, 해설은 우리가 맡는대요."

그 말을 듣는 순간, 이게 꿈인가, 생시인가 싶어 살며시 내 손등을 꼬집어보았다. 분명 꿈은 아니었다. 풍속화를 이야기할 때, 우리는 흔히 중국의 양대산맥을 든다. 그중 하나가 지금부터 천 년 전, 중국북송(北宋, 張擇端 960~1126)시대에 그려진 「청명상하도(淸明上河圖)」를 으뜸으로 여기고 있다.

이 작품을 동영상으로 본 것은 7년 전이었다. 동영상 속 화면에서 사람은 물론, 동물과 선박 등 움직이는 모습을 보면서 '우와~ 대단하다'라고 감탄했다. 이 풍속화를 동영상으로 만들어 낸 것은 2010년 상하이 만국박람회를 앞두고다. 중국전시관에서 6개월간 전시를 가졌을 때, 약 14분가량의 동영상과 함께 이 작품을 관람하기 위해 당시 서너 시간씩 기다렸다고 한다.

이 화면을 보기 이전에는 서적들 속의 그림은 확대경을 사용하여 자세히 봐야 했다. 확대경이 아니면, 녹두 알 크기의 세밀한 작은 물체들, 사람 얼굴들은 보이지 않았기 때문이다. 이런 식으로 접해오던 두 그림을 국립중앙박물관에서 전시하는 동시에 우리 팀에서 해설까지 맡는다고 했다.

그럼 풍속화(風俗畵)란 무엇인가. 요약하자면, 당대 사람들의 생활상을 그려놓은 그림이 풍속화다. 궁중의 의례를 비롯해 선비들의 모임(契會圖)과 서민들의 일상생활과 경직도(耕織圖) 등 폭넓은 의미의 회화繪畫들을 풍속화라고 한다. 그러니까 우리에게 잘 알려진 김홍도와 신윤복 등의 한정된 풍속화뿐 아니라, 울산 울주 반구대 암각화와 고구려 고분벽화 등 포괄적인 장르다.

동서를 막론하고 그림벽화가 있다. 서양의 경우 성화나 신화 등 종교적인 중세에 그려지기 이전의 암각화가 있다. 르네상스 시대가 지나면서부터 시대의 흐름에 따라 엄숙하고 우아한 자태에서 벗어난 회화는 바로크 시대에 본격적으로 풍속화가 그려졌다. 평범한 복장은 매우 다양해졌고, 보통사람들의 일상생활이 주류를 이루고 있다. 자유로운 일상의 모습은 17, 18세기에 유행한 장르(genre painting)다.

중국의 경우라고 다를 건 없다. 기원전 3세기~기원후 3세기로 거슬러 올라가면, 고분벽화 벽면에 농경사회와 사냥 등이 그려졌다고 한다. 그 이후로 다채롭게 발달해온 회화는 사회계층의 당시 삶을 생생하게 담은 풍속화가 적지 않다. 풍속화 중에 특히 북송 때, 번화한 소주(蘇州)도시의 풍경들이었다.

기획실에 전시된 풍속화작품들을 서화관 팀에서 해설을 맡았다. 풍속화는 상설전시관의 유물해설 외도 매년 2회씩 특별 회화전의 해설을 해왔었다. 하지만, 이번처럼 가슴이 설레는 건 처음이었다. 중국의 회화뿐 아니라, 일본의 낙중낙외(洛中洛外圖)와 한국의 태평성시도(太平城市圖) 등 아시아에서 유명한 작품 373점을 대한민국의 국립중앙박물관에 만난다는 기대감 때문이었다.

1부 전시실 두 번째 실로 막 들어서면, 왼쪽은 청명상하도(淸明上河圖), 오른쪽은 고소번화도(姑蘇繁華圖)가 나란히 파노라마처럼 길게 펼쳐져 있었다. 왼쪽의 작품은 장택단이 휘종에게 그려서 바친 그림이라고 한다. 한림학사였던 그는 11세기 말 12세기 초, 번성했던 중국수도변경(汴京: 지금의 河南星 開封) 강가 주변의 시끌벅적한 풍경을 상세하게 그린 그림이다. 흐르는 강물을 중심으로 청명절(淸明節, 춘분을 지나 15일 후인 4월 5, 6일경 되는 날로 교외에서 노닐고, 성묘하는 명절)의 풍경과 활발했던 상업도시의 면모를 묘사한 것이다. 비단 채색에 작품의 길이는 987m, 0.37m 중국 국보급 1호로 중국 베이징 고궁박물관 소장이다.

오른쪽은 청나라 황제(건륭제재위 1735~1795)의 명으로 소주(蘇州) 출신 궁정화가 서양(徐揚 · 1712~약 1779)이 그린 작품이다. 이 작품도 마찬가지로 많은 인물의 등장과 함께 시끌벅적한 소주풍경 등, 내용은 거의 같고, 단지 시대와 작가, 그리고 크기만 다를 뿐이었다. 18세기 최고의 번영을 누린 대도시 소주의 모습을 1759년에 그린 작품은 길이 12.4m, 높이 0.36cm. 종이에 채색, 국보급 제1호로 중국 요녕성박물관 소장이었다.

작품의 배경을 요약해보자. 변하(汴河)를 사이에 두고 교외가 보인다. 양암산에서부터 시작하여 목독진, 횡산, 석호, 방산을 지나 태호 북쪽, 개산과 사산 사이의 소주성을 지나 봉문, 반문, 서문으로부터 나와 창문 밖을 거쳐 호구산까지 명나라와 청나라의 가장 번성했던 풍경 중, 중간 부분이 핵심이었다.

물자가 풍부하고 활력이 넘쳤다. 그림의 속 도시, 수레와 가득한 인파에 시장은 문전성시를 이루고 있었다. 배는 400여 척, 건물은 2600여 개, 다리(橋) 50여 개 등 그려져 있다. 장사꾼을 비롯해 뱃사람과 말을 탄 사람 등 녹두 알처럼 작은 인물이 약 4800명 정도를 세밀한 묘사였다. 원근법을 사용하여 마치 사진처럼 사실적인 풍경을 왼쪽에서 오른쪽으로, 오른쪽에서 왼쪽으로 고개를 파묻고, 훑어보던 이들은 허리와 목이 뻐근할 지경이었다.

전시 기간 내내 즐거웠다. 중국의 8대 고도의 하남성 개봉의 두 작품과 여러 나라의 일상생활을 한꺼번에 감상한 것은 물론, 관람객들에게 해설까지 하게 될 줄이야, 꿈같은 일이 아닐 수 없었다. 기획전시실에서 두루마리 그림 속에서 주거(舟車)를 비롯해 시교(市橋)와 곽경(郭徑) 등 다양한 모습과 작품들을 접한 나로서는 마치 큰뜻을 이루어낸 양, 뿌듯했다.

남은 웃음을 위한 침묵

5월 21일 둘이 하나가 된 부부의 날이다. 하지만 우리는 여전히 동상이몽이다. 몇십 년을 말다툼 한번 없이 살아왔다는 부부들, 진정 일심동체가 되어 동상일몽으로 살았을까.

결혼하던 날, 신부 신랑은 하객들과 주례사 앞에서 백년가약을 했다. 검은 머리 파뿌리 될 때까지 고운 사랑, 미운 사랑 다 끌어안고, 일심동체가 되어 살아가겠다고 맹세했다. 그렇게 맺어진 부부, 서로의 인격을 존중하며, 미래에 대한 아름다운 설계를 그려가기 시작했다.

두 아이와 함께 가족 묶음은 더 단단해졌다. 아이들의 손을 잡고 어디든 함께 있을 때, 호탕한 웃음은 담 너머로 넘나들었다. 넷이 하나 된 세상은 마치 나를 위해 존재하는 듯 내 인생에 행복이 아닌 것은 없었다.

땀방울의 결실은 야무지게 영글어갔다. 전셋집에서 시작한 살

럼살이도 늘어났고, 혹사시켰던 내 건강도 거의 회복단계로 이르렀다. 성남시에 가게가 달린 건물과 의정부 밀락동에 육백여 평의 우리 땅과 공장, 안락한 보금자리 등 모든 것이 안정권으로 접어들 무렵, 우리의 행복은 영원할 줄 알았다.

질투의 신은 내 웃음을 그냥 보고만 있지 않았다. 한꺼번에 몰아닥친 엄청난 시련들은 숨통을 조여왔다. 어음 부도, IMF 위기, 사기 등 끈질긴 심술은 연속이었다.

바가지 깨지는 소리는 날로 커졌다. 한번 어긋난 혀(舌刀)놀림은 움직일 때마다 더 깊게 베었고, 해가 거듭될수록 아픈 곳만 후벼 파댔다. 반복된 이 싸움의 발단은 남편의 형 때문이었다.

"그렇게 한심한 꼴 그만 보이고, 법정에서 권리를 찾아"

"나는 못 한다고 했잖아"

"그자는 형이 아니라, 날도둑이라고…"

"나한테는 형이 아니고, 부모야. 부모를 법정에 세워놓고, 쌈박질하는 새끼 봤어?"

"그러니까 나를 대리인으로 내세우라잖아"

진저리난 부부싸움이었다.

우리 공장 주변으로 아파트단지가 들어섰다. 더는 작업을 할 수가 없게 되어 밀락동 공장은 세를 주고, 더 깊숙이 들어가서 공장 부지를 새로 마련했다. 의정부 회암리에 천이백 평의 공장 부지를 구입할 때다. 서울에서 작업을 할 수 없게 된 같은 업종의 최 사장도 새로운 공장 부지를 찾던 중이었다. 남편의 형은 재산을 더 불릴 생각으로 우리와 합류를 했다.

이때 최 사장은 육백 평을 사고, 남편은 삼백 평, 남편의 형도 삼백 평, 이렇게 세 사람이 함께 매입했다. 그 당시 남편은 여러 부동산이 있어 세금폭탄을 우려하여 땅문서의 명의는 최 사장과 남편의 형, 두 사람으로 해 두었다.

그 부지에 최 사장의 공장, 우리 공장, 각각 한 동씩 똑같이 지었다. 각자의 공장에서 수년 동안 작업을 해오던 어느 날이었다. 낯선 중년 남자가 찾아와 느닷없이 며칠까지 작업장을 비워 달라고 했다. 우리는 옆동 최 사장에게 영문을 물었다. 남편의 형과 자신은 갑자기 돈이 필요했고, 우리와 상의를 하면, 반대할 것은 뻔해서 말없이 팔았다는 것이다.

"세상에 이런 경우가 어디 있습니까? 내 땅과 내 공장까지 팔아먹다니, 일 잘하고 있는 직원들은 어떻게 하라고? 당신들 당장 고소할 겁니다" 남편은 노발대발 언성을 높여댔지만, 그때는 이미 잔금까지 치르고, 우리가 손 쓸 수 없는 상태였다. 억울하고 분통 터질 일이지만, 별수 없이 공장을 비워주고 나올 수밖에 없었다.

그들 두 사람과 우리 부부는 약속한 다방에서 만났다. 그들은 미리 입을 맞춘 듯 말꼬리부터 빙빙 돌려댔다. 수년간 몇 배로 뛰어오른 땅값과 두 동의 공장건물, 그리고 살림집 두 채가 얼마에 거래되었는지, 내력서부터 보여 달라고 했다. 분명 가져 나오기로 약속했음에도 두 사람은 안 가지고 나왔다는 것이다. 다시 3일 후에 만나자고 약속해 놓고, 두 사람은 끝내 나오지 않았다.

그 후, 둘은 우리 부부를 만나주지 않았다. 남편의 형은 우리

몫까지 독식한 채, 우리 부부를 피해왔다. 도저히 납득할 수 없는 행동에 화가 나서 형을 찾아가 언쟁을 벌 인후, 형제간의 연을 끊겠다고 했다.

남편의 울음은 처절했다. 그가 목 놓아 운 것은 잃어버린 재산이 아까워서가 아니다. 그의 눈물은 잃어버린 형 때문에 슬펐다. 어려서 모친을 여의고, 유일하게 믿고 믿어온 형, 그래서 죽으라면 죽는시늉까지 마다하지 않았다. 지금껏 형의 부당한 행동들, 모두 다 묵묵히 감싸 안고, 혼자 삭이면서 남모르게 애써왔던 그 배신감, 충격 또한 그만큼 컸다. 감내하기 벅찬 상처, 술에 의존하여 점점 패인이 되어 갔다.

나 역시 참는데 한계에 도달했다. 동상이몽의 가슴앓이는 마찬가지, 차라리 부부의 연을 끊고, 마음 편하게 살고 싶었다. 그러던 어느 날 밤, 거실에 쓰러진 고주망태에게 이불을 덮어 줄 때다. 원수처럼 보이던 그가 미운 생각보다 짠한 마음이 앞서 콧잔등이 찡했다.

'그래, 맨정신으로 어찌 견디겠냐. 네 심정을 이해 못해서가 아니라, 네가 너무 불쌍해서 속상한 것이다. 너도 전생에 형과 얽힌 게 있고, 나도 너한테 얽힌 게 있었으리라. 전생에 풀지 못한 한이 현세의 업경(業鏡)으로 나타난 것이라면, 그에 상응한 빚을 너는 이것으로 다 갚았다고 생각하렴, 나도 너한테 아직 덜 갚았다면 하나, 둘 갚아 가리라'고 마음을 다잡았다. 고주망태의 코골이가 응답인 양, 그동안 부대끼며 다쳐온 상처들을 어루만졌다.

이제는 지난 악몽의 기억을 지우려고 한다. 내 도량이 깊어서가 아니고 아귀 다툼의 그 사연도 어느새 저만큼 비켜 가기 때문이다. 온갖 변명으로 끝내 우리 몫을 내주지 않는 심보, 더 대응해봐야 마음만 다칠 뿐이다. 내 눈에 흙이 들어가도 도저히 용서할 수 없는 일들, 그 벌칙은 하늘에 맡겨 두기로 했다.

나를 울렸던 남편, 원망도 컸다. 그러나 흐르는 세월에 의해 날카로웠던 그 칼날도 무뎌진 지금, 모두 덮어주려고 한다. 이 침묵은 내가 사랑하는 애들의 아빠고, 좋은 아버지 이미지의 위상을 짓뭉개지 않기 위해서다. 나만 입 다물면, 나한테 무슨 짓을 했는지, 아무도 모른다.

한바탕 폭풍이 휩쓸고 지나간 후, 고요한 상태다. 부부의 날, 일심동체가 아니면 어떠하랴. 비록 동상이몽일지언정, 나 자신은 지금껏 불행하다는 생각은 없다. 내 인생에 남편만 존재하는 게 아니라, 내 목숨과 같은 소중한 두 아이와 친정엄마가 있다. 서로를 아끼는 혈육, 진정한 사랑을 품고 살아가는 나, 어찌 행복하지 않을 수 있으리. 그래서 우리 가족의 영원한 웃음을 위해 침묵한 것이다.

돌덩어리에 밴 고구려 숨결

고구려탐사단으로 여행 출발

10여 년 전, 인천공항에서 심양으로 가는 비행기를 탔다. 고구려탐사단 일원으로 참가한 나, 어느 유적지보다 가슴 설렜다. 기내 창 쪽으로 앉게 된 나는 아래로 내려다보았다. 넓게 펼쳐진 황색 대지, 앞면 위치한 안내 스크린을 확인해보았다, 요동 반도 바로 위에서 내려다보고 있었다. 웅장하게 드러난 요동벌, 1860년 러시아와 중국이 북경조약을 체결하면서 우수리강을 경계로 나누어 가진 곳이다. 기체가 흔들리면서 심양 국제공항이 눈에 들어오자, 이내 가슴이 뛰기 시작했다.

4박 5일간 우리와 함께 다닐 대형버스가 기다리고 있었다. 처음 본 낯선 얼굴들과 함께 시가를 달리고 있을 때다. 현재 다른 건물들이 들어서 있지만 수십 년 전, 우리 민족학교 자리라고 했다. 한때 이름을 떨쳤던 동창학교(박은식, 신채호 등이 교사로 재직)는 윤세복 선생이 조국의 독립을 위해 세운 터였다. 우리 선인들의 땅, 독립운동 시기에도 간도는 우리의 지방으로 왕래가 잦았던 곳이다. K 소장의 설명이 끝나자 약속이나 한 듯 버스에서 내려 카메라 셔터를 눌러댔다.

다시 또 버스는 달리기 시작했다. 만주벌판 위에 우뚝 선 백암 산성(白岩山城)이 시야로 들왔다. 고구려 요동방어선의 중요거점인 백암 산성은 침략군을 저지하기 위해 고구려인들이 피땀으로 쌓아 올린 성이다. 아직도 오래전 옛적의 애환이 고스란히 배어 있는 성 돌, 주변 마을의 담장이나, 집 벽돌로 쓰이고 있어 좀 씁쓸했다. 긴 태자하(太子河)를 끼고 있는 만주벌의 웅자(雄姿), 장대 위에서 내려 본 요동벌판, 고대와 별다를 게 없는 듯했다.

북벽 산자락 성벽은 5개의 치(雉)가 남아 있었다. 허물어진 성 위에서 길고 긴 태자강과 광활한 벌판을 내려다보는 순간 "꽝과 쾅 쾅 쾅" 폭발음이 들렸다. 아래 채석장 발파로 훌륭한 고구려의 백암성이 처참하게 훼손되는 소리였다. 장대를 지나 깎아지를 듯한 자연절벽에 닿으니, 어느새 노을은 태자강을 붉게 물들이고 있었다.

버스는 또 7시간을 달려서 환인(桓仁) 시내로 들어섰다. 오밤중에 도착한 일행들은 여장을 풀 새도 없이 호텔 귀빈관 식탁으로 빙 둘러앉았다. 그때 비로소 K 소장의 소개와 인사말이 시작되었다. 이어서 역사문화연구소의 식구들과도 어디서 온 아무개라며, 각자의 통성명을 나눈 후, 허겁지겁 허기진 배를 채우고 각자의 숙소로 들어갔다.

이튿날 여명이 가시기도 전에 비몽사몽 로비로 내려갔다. 어젯밤에 먹던 그 장소에서 조식을 끝내자마자 버스는 고구려 시원인 흘승골(紇升骨城=五女山城)으로 향했다. 일행의 눈앞을 가로막는 가파른 산, 중간쯤, 991개 돌계단까지 오르는 길은 그야말로 난공불락의 길이었다. 숨을 고르는 것조차 힘든 절벽 길, 그러나 오를 때와는 달리 정상은 매우 평평하고 거대한 분지였다. 그곳에는 우리 민족문화에서만 사용하던 온돌 구들이 놓여 있었고, 2천여 년이 흐른 지금도 마르지 않은 정방형의 천지(天池)가 있었다.

장점대에서 비류수가 한눈에 내려다보였다. 여전히 고구려의 물결이 일렁대는 곳, 해모수(解慕漱)와 하백지녀(河伯之女)인 유화의 설화가 아른거렸다. 기원전 37년, 천제(天帝)의 아들이자 하백(河伯)의 외손인 주몽이 7일 만에 나라를 건립한 홀승골성, 장수들의 호령과 말굽 소리가 아직도 들리는 듯했다. 동 성벽 안의 회곽로(馬道路)와 서성벽에서 금방이라도 튀어나와 채찍질을 휘두르며 곧 달릴 것 같은 느낌이었다. 우리는 올라왔던 반대 방향으로 또다시 가파른 절벽을 엉금엉금 기다시피 내려와야만 했다.

보고 싶었던 고구려 고분벽화

셋째 날, 집안(集安) 답사였다. 환도산성은 산세를 따라 7킬로미터로 둘러싼 분지 형태였다. 분지 안쪽은 완만한 경사지만, 바깥쪽은 낭떠러지, 하늘신이 고구려인에게 선물한 천연요새로 보였다. 남쪽은 뻥 뚫렸지만, 서쪽은 칠성산과 동쪽은 용산 자락이 길게 이어져 있었다. 절묘한 산세를 갖춘 요새, 고구려인들을 안전하게 숨긴 곳이었다.

내려오는 길에 산성하무덤으로 발길을 옮겼다. 통구하 사이의 넓은 들판에 무리를 이룬 무덤의 형태는 대부분 적석묘와 봉토묘로 구성돼 있었다. 고대의 거대한 피라미드형식의 무덤 떼, 1582기의 웅장한 무덤은 장관이었다. 현재 남아 있는 세계 최대의 고분군이 고구려의 무덤군이라는 것과 심지어 '산성하무덤이' 있는 것조차 아는 사람이 드물단 말에 더욱 안타까웠다.

국내성의 궁터는 아파트건물들이 들어서 있었다. 아파트담장으로 사용하고 있는 성, 탐사단들은 당시의 배수구와 성 후문의 축대, 성 돌 등 꼼꼼히 살폈다. 우리는 다시 발길을 돌려 장수릉으로 왔다. 장수릉으로 밝혀지기 전까지는 장군총이라고 불렸던 돌무덤, 한 변의 길이가 31미터, 높이 13미터로 웅장했다. 서대총이나 천추총과 같은 무덤에 비해 비교적 피라미드형식이 잘 남아 있었다. 특히 내가 눈여겨본 곳은 거대한 석실의 돌들이었다. 다행이 중국의 공안들은 석실까지는 가로막지 않았다. 널방(石室)천장돌은 폭 9.5미터, 너비 7.45미터, 두께 80센티미터, 50톤이 넘는 석판이었다. '저 큰 돌을 12미터의 높이까지 어떻게 들어 올려 졌을까?' 할 정도로 대단한 석실이었다. 고구려 무덤들 가운데, 가장 아름다운 형태 '동방의 피라미드'로 불린 곳이었다.

마주 보이는 건너편 광개토대왕비(廣開土大王碑)쪽으로 왔다. 고구려 제19대 광개토대왕의 능비(陵碑)다. 비신(碑身)높이 5.34미터, 각 면의 너비 1.5미터, 국강상광개토경평호태왕비라고도 불린다. 414년 광개토대왕의 아들인 장수왕이 세운 것으로, 한국에서 가장 큰 비석이었다. 제1면 11행, 제2면 10행, 제3면 14행, 제4면 9행이고, 각 행이 41자로 총 1,802자로 새겨졌다. 이 비문은 상고사(上古史), 특히 삼국의 정세를 알려주는 중요한 금석문이다.

강점기 때였다. 일본 참모부가 밀파한 군사 스파이 사꼬오가케노부 중위에 의해 광개토대왕비문의 주요 글자가 지워지고, 변조된 흔적들이 보였다. K 소장의 이 같은 설명과 함께 일본인들의 만행을 보면서 과거의 아픈 역사 단면을 확인하는 순간이기도 했다. 어디서든 36년간 그들이 저질러온 만행의 흔적들은 곳곳에 남아 있었다.

광개토대왕릉 역시 거대한 돌무덤이었다. 한 변의 길이가 66미터, 높이도 14미터가 넘었다. 제단은 1.5미터 간격으로 2개의 제단이 이어져 있고, 제단 길이만 60미터가 넘는 매우 컸음도 짐작케 했다. 심하게 훼손되어 원래 모습은 찾아볼 수 없었다. 하지만 당시에는 마치 산처럼 웅장했을 테고, 이곳에서 나온 유물 또한 엄청난 양이었을 것으로 추측되었다.

우리 기억 속에서 멀어지는 고구려 역사가 안타까웠다. 오래전부터 수백 수 천기의 고분, 그 수도의 성곽, 그 주요 성(城)들, 한때 동아시아를 호령하던 강국이 아니던가. 긴 세월에 의해 화려했던 제왕들의 무덤과 웅장했던 성곽은 이리저리 허물어지고 훼손된 채, 돌덩어리들만 힘겹게 버티고 있었다. 우리 고구려 유적들이 남아 있는 땅, 그들로서는 횡재가 따로 없지 않은가. 무엇보다 고구려 유적에 대한 영유권을 주장하며, 유네스코에 등재시키도 금상첨화가 아니었나 싶다.

이제는 중국의 유산으로 모두 유네스코에 등재된 실정이다. 사기(史記)와 한서(漢書)를 쓰고, 25사로 대변되는 거대한 사학(史學)의 체계를 구축한 그들은 누구보다도 역사가 후대에 끼치는 큰 의미를 잘 알고 있었다. 과거에만 머물지 않는 역사, 그들은 소위 제왕학(帝王學)과거에 축적된 지혜를 현재에 활용하는 능력을 제대로 발휘하고 있었다.

집안박물관을 둘러보았다. 광개토대왕이 사용했다던 부러진 밥상 다리와 기와 파편 등 빈약한 전시품에 다소 실망을 했다. 그들은 고구려 유적지들을 유네스코에 올릴 당시, S 교수를 포함한 고구려 연구진들과 함께 K 소장도 중국 블랙리스트에 올라 있었다고 했다. 블랙리스트에 올려놓고, 한국의 고구려 연구진들은 오녀산성(紇升骨城=五女山城)에서부터 고구려 유적지 전체를 모두 접근금지저지를 당했다고 했다. 아직도 블랙리스트에서 해제가 안 되었는지, 가는 곳마다 공안들이 미리 와서 감시하고 있었다.

내가 그토록 보고 싶어 했던 고구려 고분벽화다. 버스만 내리면 볼 수 있다는 생각에 가슴이 뛰기 시작했다. 이 기회를 놓치고 싶지 않아서 아픈 엄마까지 시설기관에 맡겨놓고 오지 않았던가. 인간 세상의 갖가지 생활상과 사후의 하늘 세계까지 표현한 고분벽화다. 고구려 유물전시에서 해설만 해 오던 고분 속의 유물이다. 당시의 문화와 풍속을 현장에서 직접 총체적으로 들여다볼 수 있는 곳이었다. 고구려인의 창조력과 예술적 감각을 한눈에 볼 수 있으리라는 부푼 가슴으로 버스에서 내려 고분으로 향할 때다.

이게 어찌 된 일인가. 일행을 가로막는 이가 고분에 물이 스며들어 공사 중이라는 것이다. 오직 고분벽화를 보기 위한 일념으로 멀고 먼 길을 달려온 나로서는 황당하지 않을 수 없었다. 고분 속은 들어가지도 못한 채, 폐쇄회로(CCTV)를 통해 내부 전경을 봐야만 했다. 벽면에 걸려 있는 사진 몇 장으로 아쉬움을 달래야만 하다니….

가는 곳마다 험준한 산길을 걸어 오르내려야 했다. 얼마나 고단했던지, 침대에 누웠나 싶으면, 문밖에서 아침 출발신호를 보내곤 했다. 며칠 사이로 수박 겉핥기식일지언정 혼자서 낯선 탐사단들과 함께 직접 현장을 둘러보고 온 것만으로 큰일을 이루어낸 듯하다. 하지만 그렇게 보고 싶었던 고분벽화를 뒤로한 채, 발길을 돌려야 했던 아쉬움은 여전히 남아 있다.

4박 5일간 빡빡한 일정이었다. 유적지를 찾아서 별 보고 나갔다가, 별 보면서 숙소로 들어오곤 했다. 자연에 동화되어버린 2천 년의 고구려, 그들의 혼령은 지금도 산자락을 타고 꿈틀대듯 했다. 그동안 잊고 살았던 우리의 역사 고구려 땅, 이마저도 우리의 기억 속에서 사라지지 않았으면, 간절한 바람이다.

아늑한 폐사지에서

5월의 산천초목은 녹색으로 짙어가고 있었다. 3년 전, 추웠을 때와는 그 분위기가 사뭇 달랐다. 수령 600년의 무성한 느티나무와 높은 축대를 대하는 순간, 유구한 세월을 느끼게 했다. 하얀 수국꽃도 나를 반기는 듯 활짝 웃는 모습이다. 그래서인지 폐사지의 황량함보다 오랜 세월의 넉넉함과 풍요로움으로 다가왔다. 하늘과 맞닿은 황매산 봉우리와 겹겹의 바위산을 일컬어 신령스러운 영암사라 했나 보다.

빈터에서 나 혼자만 돌아보는 줄 알았다. 현장의 모습은 단체 답사는 물론, 나처럼 혼자 돌아보는 이들도 있었다. 전에 여럿이 왔을 때, 건성으로 보고 간 것이 못내 아쉬움이 남아 다시 온 것이다. 사람들이 한바탕 지나가기를 기다렸다가 3층석탑부터 눈여겨보기로 했다. 탑신은 몸돌과 지붕돌이 한 돌로 되어 있고, 모서리에도 아예 기둥을 새겼다. 지붕은 완만한 곡선으로 흘러내리고, 네 귀퉁이는 살짝 올라갔다. 이리저리 살펴보다가 황매산을 배경으로 탑 앞에서 사진을 찍던 그때 그녀들이 뇌리를 스쳤다.

잠시 미소에 잠기다가 정신을 가다듬었다. 석축 부분마다 그랭이기법을 눈에 띄었다. 이 기법은 고구려답사 때, 백암산성에 보았던 치(城)와 오녀산성에서 보았던 산성의 축대기법과 흡사했다. 우리의 선인들이 튼실한 석축(성벽과 능)을 쌓기 위해서 곳곳에 그랭이기법을 사용했다. 영암사석축의 그랭이기법은 아마도 고구려 선인들의 영향이 아닌가 싶다. 마치 많은 비밀이 숨어 있을 것 같은 신비스러운 절터에서 혼을 빼앗기기 시작했다.

돌출된 석축 양옆으로 돌계단이 있었다. 통돌을 일일이 파내서 무지개 모양으로 여섯 단으로 만들어 놓았다. 둥근 구멍이 두 개가 있는 걸 보면, 오를 때, 위험방지로 난간 자리를 만든 것 같았다. 경건한 곳이니까 삼가고, 오르내리도록 좁고 가파르게 한 뜻 같았으나, 지금은 양쪽으로 무지개 계단만 남아 있었다. 나름대로 상상하면서 옛날의 예법도 추측을 해보았다. 나는 또 앞 발가락에 힘을 주고, 통돌 계단을 조심스럽게 딛고 금당 앞으로 올라갔다.

쌍사자석등의 화사석(火舍石)이었다. 불을 밝혀 둔 석등은 통일신라 형태의 8각이었다. 사자의 네 발목에 난 흉터는 1933년 일본인들이 잘라서 불법으로 가져가려는 것을 마을 사람들이 막아냈다고 한다. 면사무소에 보관하였다가 1959년 빈 절터를 다듬어 원래의 자리로 옮겨 놓았다는 것이다. 통돌을 다듬은 두 마리의 사자, 가슴을 맞대고 손은 석등을 받쳐 든 모습이었다. 오동통한

엉덩이와 힘센 다리의 근육, 갈퀴와 꼬리의 표현은 사실적이었다.

곳곳으로 세심한 눈길이 갔다. 사천왕상이 있는 4면에도 창이 뚫려있고, 그사이에 작은 꽃무늬로 8귀퉁에 세밀하게 조각한 석공의 솜씨가 놀라웠다. 다시 본존불을 모셨던 공간으로 발길을 돌렸다. 극락정토의 세계를 만들었던 기단의 석축도 네모로 반듯하게 잘 쌓아졌다. 지금은 비록 금당 본체 터만 남아 있지만, 석재를 통해 이 건물에 얼마나 많은 공역을 들였는지, 여실히 드러났다.

출입구 4곳의 석조계단은 깨진 소맷돌에 극락조(가릉빈가) 조각이 남아 있었다. 그리고 기단 4면으로 8마리의 사자상이 보였고, 표정과 몸짓은 제각각이었다. 그중에 이곳을 찾아오는 이들을 반기는 모습, 멍멍이(犬)가 꼬리를 살랑살랑 흔들면서 다가오는 형체가 인상적이었다. 오래된 폐사지, 그러나 아늑하고 평온한 곳이었다.

나는 다시 좌측 솔 숲속으로 들어갔다. 그곳, 조사당 터에도 예사롭지 않은 석조물이 많았던 기억 때문이다. 이곳은 좀 떨어져 으슥한 곳이라 여겼으나, 마침 두 명의 남자가 석조물들을 관심 있게 살펴보고 있었다. 나이가 지긋한 그들도 골똘히 들여다보면서 하나하나 사진을 찍고 메모하는 것도 잊지 않았다.

정적만 감도는 곳이었다. 긴 세월을 끌어안은 이끼, 그 석조물들을 감상하는데, 바람조차도 방해하지 않았다. 신라, 고려전기를 대표할 만한 적연국사비석받침이고, 또 하나는 이 절을 창건한 스님의 것이라고 한다. 비신석 마저 사라졌지만, 2귀부 역시 9세기 작품으로 추정할 수가 있었다.

동쪽 귀부의 거북이등무늬는 6각형이었다. 느긋하게 둘러본 곳, 네모난 비좌(碑座) 주위에는 아름다운 구름무늬와 넝쿨무늬로 조각되었다. 몸돌을 괴는 비좌에 새겨진 두 마리의 물고기는 마멸이 심해 그냥 스치고 지나치기가 십상이었다. 서쪽의 귀부도 동쪽귀부와 솜씨는 비슷했다. 한가운데 비좌 가장자리에는 연꽃 등 아름다운 형상과 석공의 손재주에 거듭거듭 놀라곤 했다. 한때 그들의 화려했던 흔적은 세월에 의해 돌덩어리로만 남아 있었다. 산천초목의 싱그러움 속에서 덧없는 인생사를 또 한 번 실감하는 순간이기도 했다.

본받은 교훈을 가훈으로

어린 시절, 우리가 뒤처져 사는 줄 몰랐다. 가난하게 살아도 그게 가난인 줄도 몰랐다. 대전 변두리에 자리 잡은 아담한 마을, 주변은 과수원 밭으로 둘러싸여 있었다. 동네 엄마들은 봄부터 가을까지 직장처럼 과수원 일을 다녔다. 딱히 돈 나올 구멍이 없는 농촌에서 엄마들의 품삯은 유일한 수입이었다.

아버지들은 각자의 집 농사일을 하면서 살았다. 우리집도 이웃들과 별다르지 않았었기에 그렇게 사는 것이 보통의 삶인 줄 알았다. 과수원집 외는 모두가 비슷비슷한 처지라서 누구네를 부러워할 집도 없었다. 그러나 철이 들면서 느끼게 된 빈부 격차, 시내 엄마들과 비교된 우리 동네 엄마들, 과수원의 품팔이 삶은 가난 그 자체였다.

어느 날, "우리는 왜 이렇게 살아요, 아버지의 능력이라면…?" 궁금한 점들을 여쭈어보았다. "남들이야 어떻게 살든 그들은 그들이고, 우리는 우리다. 언제 어디서든 손 가락질 받지 않고 떳떳하고 당당하게 살면, 잘 살아가는 것이지, 누구도 비교하지 마라"고 하셨다. 세상 어긋남 없이 당당한 모습이 잘 살아가는 척도라고 하셨던 말씀, 당시에는 이해가 안 되었다.

언행일치로 당신들의 일에만 우직하게 살아온 농부였다. 농사일은 서툴렀던 아버지, 그 대신 부지런하셨다. 과일 철이 되면, 두 분의 일상은 무척 바빴다. 초저녁은 과수원에서 깨끗이 다듬어 놓은 과일(복숭아, 포도 등)을 사다 놓고 주무셨다. 컴컴한 새벽마다 과일 광주리를 이고, 지게에 짊어진 두 분은 1시간가량 걸어서 대전역 옆 새벽 직판장에 넘기고 왔다. 서둘러 아침 식사를 대충 마친 후, 엄마는 과수원 품팔이로 아버지는 우리 농사일로 고된 삶을 사셨다.

평소 두 분의 바람은 가족 건강을 우선으로 여기셨다. 몸과 정신이 건강해야만 세상 사물을 아름답게 볼 수 있다고 했다. 자식 교육 역시 "이래라. 저래라"고 입으로만 시키지 않았다. 언제 어디서나 당신들의 일상생활이 산교육 그 자체였다. 한결같은 모습으로 묵묵히 몸소 실천하는 두 분, 그 모습은 자식들에게 거울이 되었다. 이런 환경에서 보고 자란 학습은 자연히 몸에 밸 수밖에 없었다.

선비 남편을 둔 엄마의 삶은 고달팠다. 젊어서 글공부만 하셨던 아버지, 일이 없는 겨울철은 책 속으로 빠져들었다. 엄마는 시내 한복집의 주문 맡아 삯바느질로 겨울을 났다. 매년 별반 다를 게 없는 가난한 농촌 살림살이, 그럼에도 책만 붙들고 있는 아버지를 감사히 여겼다. 주변 남정네들은 겨울철이면, 술집이나 노름방에 빠져들어 전답을 탕진한다며, 아버지의 위상을 한껏 드높여준 분도 엄마였다.

누구나 자신의 부모는 존경스러운 대상일 것이다. 나 역시 우리 부모님이 세상을 참 잘 살아오셨던 분으로 여겨진다. 고운 심성에 성실한 두 분, 당당하게 살아오신 모습만큼은 높이 내세우고 싶다. 두 분의 실천 교훈과 병약한 내 건강을 축약해 만든 가훈 '心身健康家和萬事成'이다. 두툼한 붓글씨로 큼직하게 써서 액자에 걸어놓고, 하나둘 몸소 실천해 가는 중이다.

천성은 어쩔 수 없나 보다. 부모님이 그러하듯 나 또한 시샘할 줄도 모르고, 경쟁대상도 없다. 어려서부터 누구든 칭찬받는 일이면, 잘했다고 박수를 보내고, 못하면 다음에 잘할 수 있어.라고 응원해주곤 했다. 그렇다고 모든 면이 그들보다 월등해서 의연한 행동을 보인 것은 절대 아니다. 일찍부터 정반대 입장인 것을 스스로 인정해왔고, 낮은 자세에서 살아왔기 때문이다. 그래서 지금까지 누가 어떻게 살아가든 '너는 너, 나는 나' 하며 아예 비교할 생각조차 없었다.

대니얼 네틀(Daniel Nettle)의 말을 살짝 빌려보자. 진화학자이자 『행복의 심리학』으로 유명한 그의 말을 빌리자면, 근본적인 성격은 바꿀 수 없다고 했다. 성격이 결정될 때, 유전적 요인이 50% 이상의 영향력을 갖는다는 것이다. 성격이 유전과 환경의 조화 속에서 결정되지만, 가장 큰 힘을 발휘하는 것은 유전적 요인이라고 했다. 그래서인지, 대니얼 네틀의 말에 공감하고 있다.

지금껏 종제기 소견으로 세상을 살지 않아서일까. 평소 그릇된 이들과 직면할 때, 내심 '정신적으로 빈곤한 너, 힘들겠다' 하고 모난 그들을 이해했다. 좋게 표현하자면, 낙천적인 무난한 성격이지만, 달리 표현하자면, 멍청한 바보로 살아온 셈이다. 하지만 어떤 표현을 하든 신경 쓰지 않는다. 각자 성장한 환경과 소질이나 능력이 다른 점을 인정해 주면 그뿐, 흠으로 들출 필요가 없기 때문이다.

세월이 거듭될수록 몸에 밴 습관이 곳곳에서 배어 나오곤 한다. 나도 모르게 책을 붙들고 있는 모습에서부터 길 가다가 쇼윈도에 비치는 부모님 모습까지 흡사하여 깜짝, 깜짝 놀라곤 한다. 두 분은 비록 가난한 농부로 고지식하게 살아오셨지만, 그러나 세상 어긋남 없이 곱고 곧게 살아오셨다. 그래서 아련한 기억 속에서만 머물지 않는 존경심, 내 자식들에게 대물림이 되고 있다.

배낭 속에 넣고 다니는 비밀

배낭을 메고 적지 않게 돌아다녔다. 견문의 폭을 넓혀볼 요량으로 역마살이 낀 것처럼 곳곳을 돌아다녔다. 내 의지대로 다닐 수 있을 때, 부지런히 찾아다녀야겠다는 발걸음은 부산했다. 자연과 함께 산뜻한 기분은 물론, 신선한 에너지를 재충전하는데, 그만이라는 생각으로 나래를 펴고 현관문을 나서곤 했다.

이런 내 모습이 진정 부러웠던 것일까, 아니면 눈꼴신 모습이었을까. 주변에서 종종 "남편 잘 만나 호강하네. 팔자가 늘어져 여행이나 즐기고 복 터진 여자네" 부럽다고 한다. 비아냥인지, 시샘인지 그 속내는 모르지만, 귀담아듣지 않을뿐더러 애써 변명하지도 않는다. 어떻게 보던 반박할 일도 아니고, 굳이 속내를 드러낼 필요도 없어서 웃고 넘기곤 한다.

배낭을 즐겨 메고 다닌 것은 복합적인 이유에서다. 우선 두 손이 자유롭고, 어디서든 활동도 자유로워서 좋아한다. 처음 배낭을 메기 시작한 건 답답한 가슴을 비워내기 위해서였다. 바깥바람은 유익한 활력소가 되어 주었고, 그 후부터 답답한 증상이 일어나면, 습관처럼 배낭을 짊어지게 된 것이다.

본래부터 능동적인 성격은 아니었다. 두 아이의 성실한 부모로 열심히 살자던 그 약속이 영원하리라 굳게 믿은 숙맥이었다. 그 믿음을 짓뭉개버린 반려자, 실망한 만큼 배신감도 컸다. 그때 '나'라는 존재감마저 도둑맞은 양, 허탈감과 분노 등 용서할 수가 없었다.

먼저 눈에 밟힌 두 아이부터 끌어안았다. 든든한 버팀목이 되어주어야 할 의무감과 책임감에 앞서 모성의 본능으로 품었다. '금쪽같은 내 새끼들, 내가 지켜주마' 굳은 각오로 마음을 다잡았다. '가족사랑을 소중히 여길지 모르는 반려자, 내 인생에 반려자만 있는 건 아니다. 나한테 엄마와 두 아이가 있다' 하고 친정엄마와 두 아이를 번갈아 보았다.

내 혈육이 있음에 거듭 감사했다. 진정한 사랑을 함께 나눌 수 있는 천륜지정(天倫之情), 행운아처럼 여겨져 천지신명께 큰절을 올렸다. 난관에 부딪힐 적마다 나를 지탱해 준 응원의 눈빛 엄마, 해맑은 두 아이의 눈빛, 나의 원동력이면서 희망이었다. 누구보다 당당한 성인으로 잘 키워야겠다는 각오로 아린 상처를 쓸어내리곤 했다.

'가족에게 불성실한 그 가장은 생각하지 말자'라고 해도 순간순간 서러움이 복받쳐 올랐다. 그럴 때마다 용광로처럼 치솟아 오른 분노, 그러나 소리 내어 울 수가 없었다. 교과서 지침처럼 살아왔던 나, 억장이 무너진 고통을 어디다 하소연할까, 사촌 언니, 친구, 변호사 등 지푸라기라도 붙잡고 싶은 심정 간절했다. 하지만 내 목숨과 같은 자식들에게 자칫 누가 되는 일이 발생되지 않을까 싶어 아픈 상처를 끌어안고 침묵했다.

그때 기분전환의 탈출구가 바로 유적답사였다. 배낭을 메고 버스와 기차를 타고, 때로는 배를 타면서 돌아다녔다. 산사와 유적지를 돌아다닐 때, 혼자만의 시간은 별천지를 둥둥 떠다니는 기분이었다. 그곳 풍광에 흡수되는 순간, 뒤엉켰던 머릿속은 말끔하게 정리되어 떠날 때와는 달리 돌아오는 발걸음은 가뿟했다. 이렇게 시작된 혼자만의 나들이에서 얻어낸 '나'라는 존재감, 비워내고 깨우치는 것도 혼자만의 시간이었기에 가능했던 일이다.

그 후, 심신이 지칠 때마다 배낭 메는 걸 주저하지 않았다. 배낭 속에 온갖 고통을 짊어지고 무작정 집을 나서곤 했다. 고요함 속에서 스스로 내면의 나를 되돌아보는 시간, 그리고 모두 털어 비워냈다. 돌아오는 배낭 속은 자문자답으로 얻어낸 깨달음. 이런 묘방(妙方)책으로 나 자신을 되찾아 갈 수 있었고, 두 아이를 지켜낸 파수꾼의 역할도 가능했다.

누구나 배낭을 메고 돌아다닌 일은 어려운 게 아니다. 복 터진 사람만 특별하게 누리는 삶도 아니다. 예전과 달리 대중교통의 발달로 어디든 쉽게 다닐 수 있는 세상이다. 마음만 먹으면 각자의 취향대로 어느 곳이든 돌아볼 곳은 널려 있다. 그곳이 어디든 자연과 함께 평온함이 온 전신으로 스며드는 순간, 깨닫는 세상이 된다.

저 구름처럼 잠시 머물다가 떠날 인생 아닌가. 눈 한번 깜박거리는 찰나의 인생살이거늘. '하루를 살더라도 웃으면서 살뜰히 살자.'라는 마음가짐일 때, 원망과 설움은 어느새 바람결에 날아가 버렸다. 남편을 잘 만났다, 팔자가 늘어졌다는 말에 '네가 이 남정네 하고 살아 보았냐'고 튀어나오려는 말을 꿀꺽 삼킨 후, "부러워 말고, 당장 배낭을 메고 어디든 가봐"라고 권할 만큼 여유로움도 생겼다.

한꺼번에 몰아닥친 엄청난 일들. 이제는 아무 일 아닌 듯하다. 지난날의 시련들을 뒤돌아보면, 오히려 내 인생의 자양분이 되어 고맙다. 고통의 인내를 기쁨으로 안겨준 자식들, 크나큰 축복의 선물이 아닐 수 없다. 어엿한 사회인이 되어준 두 아이의 뒷면에는 무엇보다 친정엄마의 노고가 컸다. 고운 성품으로 반듯한 성인이 되기까지 정성껏 잘 보살펴준 분이 외할머니였다. 그래서 태연하게 맡겨둔 채, 배낭을 메고 돌아다닐 수 있었고, 자존감도 되살아난 지금, 모두 감사한 마음뿐이다.

최후의 슬픈 그날

불효 여식에게도 효도라는 걸 해볼 기회가 왔다. 평소 어머니가 가고 싶어 했던 곳을 함께 다니자고 약속했다. 해인사와 통도사를 나란히 손잡고 그렇게 여행이라는 걸 다니면서 좋아한 음식도 사 먹자고 했다. 그동안 생각이 부족하여 어머니께 먼저 함께 다니자는 말을 못 꺼낸 것이 송구스럽다.

내년 봄은 경상도 쪽을 돌아볼 참이었다. 한데 어머니가 안 계신 이 세상, 그 약속을 다 어찌해야 하나. 수락산부터 시장과 절간 등 생전에 함께 했던 자리, 눈에 밟히지 않는 곳이 없다. 지금까지 받아만 왔던 은공을 만분의 일이라도 갚아야 할 그 방법조차도 모르고 있으니, 가슴만 칠 뿐이다.

그날의 인사가 마지막인 줄 알았다. 그해 가을 아침, 일찍 서둘러 소복 차림으로 두 손을 공손하게 이마에 모았다. 엄숙한 분위기 속에서 발인제(發靷祭)의 두 배 반(二 拜 半)을 올리고, 어머니와 함께 버스에 올랐다. 그리고 황금빛으로 일렁이는 들녘을 가로질러 북망산천을 향해 달려갔다. 눈이 부시도록 청명한 하늘빛 아래 산길을 돌아 넘는 건, 꽃상여가 아니라 영구차였다. 자동차 엔진소리로 인로가(引路歌)를 대신하여, 황천길의 긴 황색 차선을 따라가 멈춘 곳, 바로 벽제 화장터였다.

마지막 인사란 말도 듣기 싫었다. 손을 뻗어 더듬어 본 황포(黃布)로 가려진 어머니, 부둥켜안았다. 온 힘으로 꽉 잡은 황포, 놓치지 않으려고 몸부림을 쳐댔다. 그러나 애통한 절규에도 아랑곳없이 가로막는 억센 힘들, 모녀가 분리되는 순간, 어머니의 관은 화장실(火葬室)로 안치되었다. 점화된 불길은 한 시간 남짓한 울부짖음 속에서 한 줌으로 재로 변했다. 한 됫박 크기의 상자로 내 앞에 놓인 어머니, 참으로 허망했다.

골분骨粉 상자를 끌어안고, 무량사로 향했다. 위패와 함께 작은 재단 위에 모셔놓고 하직할 때, 애통한 그 심정, 어안만 벙벙할 뿐이었다. 어머니는 20여 년 전, 아버지가 세상을 떠나실 때처럼 그 길을 따라서 가셨다. 마지막으로 들르셨던 곳, 그 길, 그 화장터, 그 절간. 그 강을 이번에는 어머니가 똑같이 뒤따라서 가신 것이다.

49재 때도 마찬가지다. 자식들과 손주들이 모두 모여 어머니의 극락왕생하시기를 빌어드릴 때다. 그중에 보이지 않는 한 사람의 자리, 눈길을 뗄 수가 없었다. 아버지의 49재 때, 그 자리에서 저승길 가신 아버지께 극락왕생하시기를 빌어드리며, 어머니가 앉아 있던 자리가 아니던가. 하지만 지금은 가족들이 대신 그 자리에 앉아서 어머니의 49재를 올리고 있었다.

“내가 보고 싶을 때 어디서든 하늘을 보렴. 언제나 너를 응원하고 있는 내가 있다.”

‘엄마, 못다 깨우친 효행까지 왜 일러주시지 않으셨습니까. 불효 여식은 어찌하라고…’ 하늘을 보는 순간 회한(悔恨)의 설움이 시야를 가렸다. 어머니의 젖가슴만 더듬던 막내, 아직도 보내드릴 마음의 준비가 전혀 안 되어 작별인사도 할 수 없다. 산천경개뿐만 아니라, 이제부터 보여드릴 일만 남았는데, 어찌 인사를 마칠 수 있단 말인가.

“엄마! 빚더미에서 벗어난 막내의 밝은 모습 보이나요. 당신 손으로 반듯하게 키워서 어엿한 사회인이 된 두 손주, 보고 계시죠? 막내의 은발 모습도 보이죠. 한평생 불효 짓만 해온 부실한 막내, 끝내 불효 여식이 된 거 맞나요? 엄마, 어디 있어, 전화를 걸어도 안 받고? 미치도록 보고 싶어, 엄마!”

청명한 그해 가을, 일련의 일은 꿈을 꾼 것이리라. 따사로운 봄볕에 만발한 꽃을 보아도 그 속에 숨어 있는 것 같고. 새들의 지저귐도 어머니의 이야기로 들린다. 길 가다가 또래의 어르신과 마주쳐도 그 모습인 것 같다. 생전에 좋아했던 음식과 옷, TV 속의 연예인 등 그 모습, 그 목소리가 곳곳에서 겹치곤 한다.

불효 여식의 눈에 어디서든 아른거린다. 마지막 인사를 하지 못한 나, 언제나 몸이 먼저 수락산을 헤매곤 한다. 눈꽃이 피어 있는 나뭇가지마다 머리에 수건 쓴 모습이 보이고, 바람 부는 산 등성에서도 다정하게 부르는 음성이 들린다. 시시때때로 마주치는 맑은 미소, 가슴 저 밑바닥에서부터 끓어오른 천륜지정을 나누곤 한다. 깊고 깊은 모녀의 정, 이렇듯 온 전신으로 느끼는 건 생전과 다를 바 없지 않은가. 슬픈 최후의 그 날은 진정 꿈이었으리라.

태평 시대에 여유로움

어느새 17년째다. 경복궁에서 용산으로 옮겨 개관할 당시가 떠오른다. 첫해 1년간은 외형적으로는 유물해설 없는 해였다. 하지만 해설사로서 갖추어야 할 덕목까지 겸비해 익히는 기간이었다. 다른 전시관과는 다르게 서화관 상설유물교체는 4계절별로 있다. 상설전시뿐 아니라, 특별전과 기획전시 등 가장 바쁘고, 복잡한 팀이 서화관 해설사들이다.

늘 유물과 관련된 공부를 게을리할 수 없다. 상설전시실만 해도 서예부터 시작하여 목공예실까지 8관이다. 서예와 산수화, 기록화 등 역사적 배경과 인물, 유물을 함께 익혀야 할 공부가 늘 산적해 있다. 유물의 장르만큼 관람객 역시 다양하다. 해설이 끝났음에도 마냥 붙잡고 질문하는 이, 고맙다고 답례로 먹을 것을 건네주는 이, 개인 전화번호를 묻는 이, 등 그야말로 천태만상이다. 그중 한 분의 관람객은 잊을 수 없다. 한창 해설 중에 나이가 지긋한 남자 관람객이 거들먹거리며 내 옆으로 다가왔다.

“어서 오십시오. 반갑습니다.”

“아니, 건물만 컸지, 뭐 볼 게 없네요. 내가 세계 박물관을 다 돌아보고 온 사람인데, 그곳은 무척 크고, 볼 것이 많던데. 여기는 조잡한 소품뿐이네요”. “네?” 첫마디부터 기가 막혔다. 미소로 목례를 마친 후, 중단했던 해설을 이어서 했다. 그는 또 대뜸 “여기서 뭐가 볼만합니까?” “선생님께서 관람을 원하신 유물이 무엇입니까?” “값진 명품을 보고 싶어 왔습니다.” “선생님! 여기는 국립중앙박물관입니다. 모두 값진 명품유물들입니다. 이제 해설을 시작해도 되겠습니까?” “그러시오.” 하더니 그는 어디론가 휙 사라지더니 또 다가왔다.

그와 눈을 마주치지 않으려고 유물만 보며, 해설했다. 우려하는 마음과 달리 그는 얌전히 듣기 시작했다. 우리나라 유물들을 시답지 않게 여기던 그가 의아했으나, 그래도 조용히 귀담아준 모습이 감사했다. 조선의 인물과 어필(御筆)을 포함한 해설을 끝까지 함께한 그에게 눈을 마주치며 인사를 나누었다. 그리고 며칠 뒤, 기획전시실에 그가 또 나타났다.

북적대는 관람객 틈에 그가 끼어 있었다. 특별한 기억을 남겨준 그를 한눈에 알아보았지만, 평소 관람객이 먼저 아는 척하지 않으면, 결례를 범할까 싶어 모른 척한다. 그는 유물해설을 듣고 있다가 갑자기 “여기서 가장 값비싼 작품은 누구 것입니까” 하고 큰소리로 질문을 해왔다. “네?” 하고 되물으며, 정면으로 눈이 마주쳤다. 그는 아차 싶었던지, 슬그머니 자리를 피해 어디론가 사라졌다.

우리나라 유물을 시답지 않게 여기는 이가 종종 있다. 이 관람객뿐 아니라, 예를 들자면, 외국의 유물을 전시할 때, 확연히 드러난다. 기획전 외국 유물은 거금의 대여비로 인해 입장료도 만만치 않다. 전시 기간 중 바글바글한 관람객은 공짜인 상설 전시관은 외면하고 돌아간 이가 적지 않다.

이왕 박물관으로 나선 발걸음이 아닌가. 모두 다 바쁘지는 않을 터인데, 여기저기 둘러보고 돌아갔으면 하는 아쉬움, 나 혼자만의 생각일 뿐이다. 정작 그들은 다음 기회로 미루는 듯한 모습은 느긋해 보였다. 이 모든 것은 아마도 태평 시대에 여유로움인 듯싶었다.

우리의 옛 그림들은 어느 나라 뒤지지 않는 최고급 명작들이다. 그럼에도 현재 우리의 유물 관람은 무료입장이다. 개관과 동시에 관람객들에게 후한 선심은 유물에 대한 관심도를 높이기 위함이지, 조잡해서가 아니다. 국립중앙박물관에 전시된 작품 중, 그 어느 한 점이라도 명품이 아닌 작품은 없다. 이 명작들은 언제까지 공짜관람이 될지 모르겠다. 세계 유명국립박물관처럼 대한민국의 국립중앙박물관도 머지않아 비싼 입장료를 내지 않을까 싶다. 왜냐면 GNP가 높고 복지시설이 잘된 선진국의 국립박물관에서도 비싼 관람료를 받고 있기 때문이다. 그 어느 시기보다 태평 시대에 관람객들을 위한 선심은 오히려 외면당하고 있어 참으로 안타깝기 그지없다.

한 줄의 문구

올해는 아예 생활계획표를 새로 만들 엄두가 나지 않았다. 그래도 매년마다 함께 해온 생활지침서인데…. 한참 고심 끝에 볼펜을 들었다. 느슨해진 7개 칸의 하루, 맨 위쪽 공백에 즉석에서 생각나는 문구를 써넣었다. 엄중한 세태 흐름 탓인가. 썩 훌륭한 문구가 아님에도 불구하고, 예년에 비장한 각오로 심기일전하여 짜놓은 계획표보다 더 의미심장했다.

올해는 꼭 성공하리라. 매년 이맘때면, 어김없이 꽉꽉 채워 넣은 계획들, 늘 지킬 각오로 계획표를 만들곤 했다. 새해가 되면 지난해에 실패한 항목들을 이리저리 바꾸어 수정하며, 또 다짐해 오기를 몇 년째인가. 24시간 중에 잠자는 6시간만 제외하고, 언제나 활동시간은 빽빽하게 짜 넣었다. '이전까지는 누굴 위한 삶이었다면, 지금부터는 나만을 위한 삶을 살자'라며, 마음을 단단하게 묶어보지만, 이 또한 용두사미가 되기는 매 마찬가지였다.

세상은 한계가 없다. 그러나 내 인생은 언젠가 끝이 있고, 그래서 되찾을 수 없는 건, 잃어버린 삶이었다. 젊음, 시간, 추억 등 귀중한 삶은 한번 잃어버리면, 그만이라는 생각에서 챙겨두기 위한 삶의 지침서를 만들어온 것이다. 꼬박꼬박 지키지 못했다고 해서 내 인생의 지시 방향에 실패했다는 뜻은 아니다. 다만 오늘보다 더 향상된 내일의 행복지수가 다소 어긋났을 뿐이다.

그동안 짜놓았던 계획표를 꺼내 쭉 살펴보았다. 하루, 일주일, 한 달, 월요일부터 일요일까지의 스케줄은 빼곡했다. 바쁘다는 이유로 중단했던 수영 배우기와 중국어 배우기, 책 읽어(시각장애자들을 위한 독서녹음 봉사)주기, 항목들 역시 지키지도 못하면서 빼놓지 않았다. 새벽과 저녁 시간을 쪼개서라도 시도해볼 요량이었지만, 매년 무용지물이 되었다. 그럼에도 어떻게 해서든 실천해보려고, 이리저리 반복 수정해서 생활계획표에 집어넣곤 했다.

지난해 1월 말엽이었다. 대구지방에서 코로나19가 제1차 대유행으로 크게 확산되면서 공공기관들을 비롯해 문화시설관도 문을 닫아버렸다. 놀란 세태 흐름에 책장 고리에 걸어 두었던 2020년의 생활계획표를 칸칸이 눈여겨보았다. 24시간 중에 실천할 수 있는 항목들만 골라 7개 칸으로 축소 수정하여 단순하게 만들었다. 헌데 8월 15일 광화문 종교집단 광복절집회로 하여금 제2차 대유행 확진환자가 급격히 늘어나기 시작했다. 재개관했던 박물관은 다시 문을 닫아버려 이것마저도 지킬 수 없게 되었다.

엉망이 되어버린 바깥 생활이 안타깝고 속상했다. 어쩔 수 없이 또 잠자코 기다리는 수밖에 별도리가 없었다. 방역당국을 비롯해 합심한 국민들의 노력으로 확진자 수가 서서히 줄어들기 시작했다. 머지않아 원래의 일상생활로 돌아갈 수 있으리라는 기대감과 희망도 보였다. 한데 연말경, 일부 기독교 집단집회로 인해 3차 대유행 감염확진자가 연일 1천 명 넘는 숫자가 보도되었다. 한숨을 내 쉬다가 또 어그러지는 계획표를 찢어버릴까 했다.

올 초반부터 TV 뉴스에서 반가운 소식이 전해졌다. 외국에서 백신 접종이 이미 실행되었고, 우리나라도 2월 말경부터 백신 접종이 시작될 거라고 했다. 기쁜 소식을 접하면서 소띠 해에 모두 각자의 일터에서 제 소임을 다 할 수 있으리라는 기대감으로 좋아했다. 한데 이게 또 웬일인가. 3·1절에 방역수칙 의무를 무시한 일부 종교집단 집회를 보면서 아연실색하지 않을 수 없었다. '외계인들이야? 도대체 번번이 왜들 저래' 하며, 겨우 잠잠해져 간 코로나19 확진자가 또다시 제4차 대유행으로 번질까 싶어 불안감부터 엄습해왔다.

우리 모두 함께 잘 살아가야 할 세상이다. 하루빨리 감염 전쟁에서 벗어나려고 지금껏 애써온 구민들은 뭔가 싫어 화가 났다. 대한민국은 이미 5명 이상 모임금지령이 내려져서 추석 명절과 구정 명절까지 반납한 상황이다. 방역수칙을 지키기 위한 국민들은 부모 형제간의 만남조차 뒤로 미루면서 서로의 합심으로 애쓰고 있지 않은가. 그럼에도 한쪽에서는 여전히 왜곡된 정보로 불안감을 조성하는 일부 집단들의 그릇된 언행에 감염에서 벗어날 수 없을 것 같은 두려움에 무섭다.

제구실을 상실한 나의 생활계획표, 그 위의 써넣은 문구를 다시 올려다보았다.

'2021년부터 나 자신을 스스로 아끼며, 존경하자. 그리고 세상 모든 것을 고마워하자'

낮은 소리로 반복해 5번을 읽었다. 한 줄의 문구를 되뇌었었을 뿐인데, 마음이 좀 진정된 느낌이었다. 삼가야 할 언행과 감사함까지 내포된 문구, 나 자신을 스스로 돌아볼 수 있는 교훈의 문구가 되어준 것 같아서 매우 흡족했다. '건강한 내 가족들이 있어 감사하고, 대한민국의 민주공화국에 살고 있다는 것 역시 감사하다. 그리고 내 삶의 질을 높여 나갈 수 있는 주변의 여건들과 세상 모든 것이 고맙다' 호의적 감성에 의해 읽어볼수록 자존감이 살아나는 문구가 아닐 수 없다.

인생사에서 용의 머리든 뱀의 꼬리든 무슨 상관인가. 지난날의 어설픈 나의 생활계획표들, 그 어긋남이 오히려 여유로운 세상사를 일깨워준 것 같다. 제 잘났다고 떠들어대는 일부 집단들의 그릇된 아우성, 눈감고 귀 막으면, 편하지 않은가. 남에게 해 끼침 없는 바보의 세상에서 웃음의 그릇을 키워내는 인생살이가 최고인 듯싶다. 단순하게 짜인 7개 칸의 생활지침서와 한 줄의 문구에서 얻어낸 나만의 세상에서 내심 그릿(Grit)이라며, 거듭거듭 올려다보게 된다.

화두(話頭)의 비밀

3년 전 여름이었다. 그날도 용굴암까지 다녀와야지 하고 집을 나섰다. 무더위 속에 산행은 숨이 콱콱 막힐 지경이었다. 절반도 못 가서 소금물로 범벅된 몸, 큰 바위까지 간신히 올라갔다. 익숙한 풍경들이 눈에 들어온 이곳, 3개의 긴 의자가 있고, 의자를 차지하지 못한 이들은 언제나처럼 큰 바위 위에서 여기저기 널브러져 있었다. 잠시 쉬어갈 생각으로 턱까지 차오른 가쁜 숨을 고르기 위해 노송 그림자를 깔고 앉았다.

산행코스는 그날의 기분 상태에 따라서 길고 짧다. 몸 상태가 좋고 시간 여유가 있을 때, 귀임봉으로 해서 용굴암 코스로 오르고, 보통은 지금 내가 앉아 있는 큰 바위이다. 뒤로 북한산이 병풍을 두르듯 버텨있고, 옆으로는 불암산, 그리고 앞으로는 남산을 비롯해 여의도 63층 건물과 강남 등 서울 시내가 한눈에 내려다보인다, 계절 따라 변화무쌍한 풍경에 등산객들한테는 명당의 쉼터이기도 하다.

바람에 묻어온 녹향(綠香)에 코를 벌렁거렸다. 들숨을 힘껏 들이마시며, 바위 아래를 내려다보았다. '저 빛깔, 저 소리' 혼자 중얼거리면서 스마트폰에 담고, 또 지우면서 이리저리 옮겨가며, 애써 봐도 직접 보고 듣는 느낌과 사뭇 달랐다. 아쉬움을 접고, 조용히 앉아서 감상하는 것으로 만족해야만 했다. 수십여 년을 오르내리면서 보아온 수락산, 똑같은 산임에도 산빛이 늘 다르듯. 매년 접해온 여름 산과 오늘 본 산은 확연히 달랐다.

차르르 쏴아, 차르르 쏴아

조물주의 걸작은 정말 대단해, 뉘라서 감히 견주겠는가. 10여 년 전, 여름에 보았던 그 녹해(綠海)다. 해일은 산을 곧 휩쓸어버릴 것만 같고, 산자락에 붙어 있는 아파트들을 곧 덮어버릴 것만 같았다. 바람의 방향에 따라 출렁이는 녹해, 그야말로 장관이 아닐 수 없다. 청명한 그 날, 녹색 파도가 거세게 일렁대는 걸 보면서 기이하게 여겼던 것으로 기억된다. 수시로 산행을 하지만, 이런 광경은 이번이 두 번째다.

시원한 바람이 발목을 잡았다. 이미 지쳐 있는 상태라서 용굴암까지 더 올라갈 생각은 접었다. 그냥 주저앉아 버린 이곳, 우리 집에서 약 1시간가량의 소유된 큰 바위다. 비교적 등산로가 완만하고, 가까워서 평소 즐겨 찾곤 한다. 틈나는 대로 올라와서 보면, 오전과 오후의 햇볕에 의해 녹색 물결은 늘 달리 보인다. 대자연의 춤과 노래 등 얼마나 풍광명미인가, 마치 신선의 세계에 빠져드는 느낌이고, 나 또한 신선이 된 기분이다.

먼 곳으로 머무는 시선, 잠시만 앉아 있어도 저절로 자연의 일부가 된다. 피부에 와 닿은 감미로운 바람은 영혼까지 치유해주는 느낌이었다. 아무 생각 없이 청정한 바람을 끌어안고 벌러덩 누웠다. 나뭇잎들 사이로 지나가는 양떼들, 그리고 한필의 무명천이 날리더니, 선녀들이 춤을 추면서 내려오는 게 아닌가. 빠르게 사라지고 또 나타나는 여러 문양을 찾는 재미에 혼을 빼앗긴 채, 얼마나 지났을까.

'뜬구름과 같은 우리네 인생, 잠시 머물다가 저렇게 사라져버릴 텐데…' 인생무상만 되뇌다가 불현듯 아, 맞다. 녹해가 해일을 치던 그해에 어머니가 돌아가시지 않았던가, 뇌리를 스치는 순간, 나도 모르게 벌떡 일어났다. 그날도 오늘처럼 산등성과 주변의 나무들은 고요했고, 흰 구름이 떠가는 하늘 역시 청명했다. 저 아래 계곡에서만 일어난 해일, 구름 속에 여러 문양처럼 혹시 생(生)과 사(死)를 드나드는 힌트가 아닐까 싶었다.

바로 앉아서 가부좌를 틀고 눈을 감았다. 곧 터득해 낼 수 있으리라 여겼다. 전혀 알 수가 없는 깜깜한 명상, 두 손을 크게 펼쳐보았다. 그러나 아무것도 잡히지 않은 손, 허공 속을 내젓다가 무릎 위로 가지런히 모았다. 자연 속에서 얻어내리라 기대했던 삶과 죽음의 답, 무지한 나로서는 감조차 잡히지 않았다.

다시 눈을 떠보았다. 눈앞의 해일은 이미 사라지고 조용했다. 바위에 있는 사람들 역시 무표정하기는 마찬가지였다. 내가 사진을 찍기 위해 이리저리 분주하게 다녀도 무관심에 무표정한 저들, 지금이라고 별다르지 않았다. 그렇다면 내가 보고 들은 것은

'환상과 환청…?' 하지만 환각이라고 하기는 너무나 또렷한 모습이었다. 고개를 저어 봐도 예전에 본 형체들의 움직임은 물론, 소리 또한 그대로였다.

조물주는 무지렁이 나한테 무엇을 일러 주고자 했던 것일까. 무더위 속에 던져준 화두의 비밀, 근접조차 할 수가 없었다. 영겁에 머물 수 없는 나에게 조물주는 자연의 내력을 더 이상 허용치 않았던 것이다. 수락산의 익숙한 풍경들만 바라보며 '이번에는 무엇을 알려주려고 했을까' 연거푸 되뇌다가 빈 배낭만 메고 자리에서 일어났다.

나의 국보

대조적인 두 분의 모습을 물끄러미 바라보았다. 울긋불긋한 차림새의 어머니, 농담 묵으로 그려진 아버지의 흑백 모습(胸像)이 그러하다. 중년 모습에 검은 두루마기 차림새의 아버지, 당신이 한창 활동 중이일 때, 대전 시내에 있는 어느 환쟁이에게서 그리셨던 것 같다. 컬러 사진이 있었음에도 생전에 영정 유언이 있으셨는지, 어머니는 아버지의 초상화를 절에 모셔두고 찾아뵙곤 했다. 그리고 어머니의 영정은 당신이 몸져 계시다가 좀 우선할 때, 한복차림으로 사진관에서 찍은 노년의 모습이다.

아버지의 초상화를 보다가 박물관 초상화들이 떠올랐다. 사진기가 없던 옛사람들의 사진, 즉 자신의 모습을 그림으로 그렸다. 그게 바로 오늘날 초상화라고 부르는 그림이다. 평민들은 초상화를 그릴 경제적인 여유가 없어서인지, 대부분 상류층의 초상화뿐이다. 조정을 드나들던 문무백관들의 고급스러운 예복 차림의 초상화표현과 채색도 다양했다.

자신의 모습을 스스로 그린 자화상도 상당수에 이른다. 학식 높은 문인 중에 그림 솜씨가 좋았던 이들은 환쟁이의 손을 빌리지 않고, 직접 자화상을 그렸다. 자신들이 직접 그렸든 환쟁이가 그렸든 간에 오늘날까지 전해져 내려오는 여러 초상화를 모아 전시를 하곤 한다. 옛사람들은 본인 얼굴은 물론, 부모의 초상화 역시 그림에 있어 터럭 한 올이라도 같지 않으면, 안 되었다.

인사부모지진 일호일발부사 즉 비부모의(人寫父母之眞 一毫一髮不似則非父母矣)이라는 취지하에 화사들은 화력을 기울여왔다. 그래서 실물을 정확히 묘사하면서도 인물의 정신과 성품까지 담아내야 했다. 이를 정신을 옮긴다는 뜻에서 다시 말해 초상화는 전신사조(傳神寫照)의 역할이었다. 그런 뜻을 전부 이해하고 계셨던 아버지의 초상 역시 눈썹 위에 작은 점까지 빼놓지 않았다.

나란히 계신 부모님의 얼굴을 번갈아 보았다. 젊은 시절의 두 분은 가난한 살림 속에서도 서로 아끼는 정만큼은 누구 못지않았다. 자식에 대한 사랑과 희생정신 등 옛일들이 주마등처럼 스쳤다.

아버지의 초상화에 시선이 멈추었다. 콧수염과 인자한 눈빛은 세필(細筆)로 처리하여 실물과 흡사하지만, 소품이라서 밋밋하고 조촐한 모습이다. 특징적이거나, 감흥을 일으킬만한 미감(美感)은 없어 보인 초상화지만, 볼품이 없으면 어떤가. 어느 환쟁이의 솜씨든 상관없다. 이 초상화는 어머니의 사진과 함께 남아 있는 더없이 귀중한 유품이며, 언제나 변함없는 온화한 미소, 나한테만큼은 최고의 국보급이 아닐 수 없다.

4

사색(思索)에 잠긴 그녀

- 투영되는 시심의 소리
- 노원골에서 만난 천상병 시인
- 당신 만족하십니까
- 모녀가 즐겨본 하루
- 소리로부터 오는 봄
- 어떤 말이 필요하랴
- 사색(思索)에 잠긴 여인
- 천지신명과 만나는 장소
- 친숙한 괴물상자
- 큰 입에서 새어나온 웃음
- 파란만장한 방황을 끝내고

투영되는 시심의 소리

콸콸콸 콸콸 콸콸콸 콸콸~

여울이 부딪치는 소리가 마냥 청정하다. 선암사계곡 큰 바위를 돌아 내려온 계곡물은 생동감 넘치는 힘찬 소리다. 마치 비발디의 사계 중에서(Antonio Vivaldi The Four Seasons, Spring) 봄의 경쾌함 그 자체다. 맑은 기운만이 감도는 산속에서 오직 들리는 것은 기운찬 물소리뿐이다.

무작정 발길 닿은 곳이 조계산 기슭이었다. 언제나 그러하듯, 한 소절의 시구처럼 자연은 어디서나 저절로 피고 지고 제 몫을 다하고 있었다. 이렇듯 새로움은 시들한 내 삶에 신선한 기폭제가 되어주곤 한다. 그래서 집을 떠날 때는 혼자지만, 현지에 가서 보면, 나 혼자가 아니다. 하늘과 산, 나무와 꽃, 바람과 계곡 물소리 등 함께 어울려 벗이 된다.

2년 전의 모녀, 나란히 손잡고 둘러보던 곳이다. 송광사를 둘러본 후, 선암사도 둘러보게 되었다. 우리는 내려오는 길에 승선교 밑에 평평한 바위로 자리를 잡았다. 맑은 계곡물에 발을 담그고 “내 딸이 건강을 되찾아 주어서 정말 고맙다. 지난해 화엄사와 쌍계사를 돌아본 일도 꿈만 같고, 올해는 이쪽을 둘러보는 것도 꿈을 꾸는 듯하다. 너랑 이런 날이 올 줄은 상상도 못 했다.” “엄마! 나도 좋아. 매년 봄마다 이렇게 돌아다녀 봅시다”라고 굳게 약속했다.

이때, 비로소 당신이 살아온 일생의 한 대목을 들을 수 있었다. 평탄지 못한 삶을 살아오셨음에도 시원한 성품이라서 한평생 걱정 없는 분으로 여겨 왔었다. 엄마의 애환에 콧잔등이 찡했던 그 날, 바로 이 장소였다.

이곳은 모두가 그대로다. 북적거린 송광사의 많은 사람과, 조용한 선암사의 뒤뜰에 핀 고매(古梅)를 비롯한 다양한 매화들을 함께 둘러보지 않았던가. 그러나 지금은 혼자서 그 흔적을 더듬어 다니고 있다. 그 어디에도 보이지 않는 모습, 소리 내어 불러보아도 그 목소리조차 들을 수가 없고, 오직 힘차게 흐르는 계곡물소리뿐이다.

청정하고 투명한 계곡물, 인간의 본능에서일까, 페트병에 생수가 들어있음에도 엎드려 계곡물을 들이마셨다. 큰 너럭바위에 배낭을 비롯해 신발과 양말을 나란히 벗어놓고 바지를 허벅지까지 걷어붙인 후, 물속으로 들어갔다. 약력은 5월 초지만, 음력은 아직 4월 초경, 따뜻한 햇볕과는 달리 계곡물은 얼음과 같아서 얼른 나왔다. 바위에 등을 기대고 발을 쭉 펴고 앉았다. 바람에 흔들거린 나뭇가지들이 물속에서 일렁댔다. 맑은 물속에 울창한 숲과 내 모습, 투영된 내면을 들여다보았다.

空山無人(공산무인) 사람이 없는 빈산에
水流花開(수류화개) 물이 흐르고 꽃도 피네.

조선 시대에 널리 유행한 시구가 떠 오른다. 이 시구를 18세기 화가(김홍도와 최북 등)들이 그려낸 작품이 공산무인 수류화개다. 소식(北宋代 蘇軾)의 작품 가운데 '공산무인 수류화개'라는 시구에서 따온 것이다. '사람이 없는 빈산이지만, 계곡물은 절로 흐르며, 꽃도 절로 피어 있다'라는 뜻이다.

정말 그러했다. 신비로운 자연은 절로 싹을 틔운 후, 여름맞이 준비가 한창이다. 인력에 의해서가 아니라, 우주의 섭리에 피고 지는 자연의 세계, 산수화 정취를 한껏 담아낸 표현이 아닐 수 없다. 이들과 함께 호흡하다 보면, 자연의 시어(詩語)들을 가득 채워주는 친구가 되고, 때로는 인간사의 스승이 되어주어 일상생활마저 소중함으로 일깨워주곤 한다.

조선의 작가들, 지금의 내 감정과 무엇이 다르랴. 그들도 사계절의 자연 속에서 빈산 즉 사람들이 없는 산을 나름대로 읊거나 그림으로 표현하지 않았던가. '공산 무인'에서 심심 계곡절벽의 폭포와 나무들, 사람이 있다가 없는 산, 본래부터 사람이 없었던 빈산, 그러나 자연은 개의치 않고 사계절 제 몫을 다하고 있음을 표현한 것이다. 어느 산이든 산은 같은 산이되 혼자만의 보고 느낀 감정에 의해 전혀 다른 느낌을 준다. 다른 작품일지언정 자연이 품은 의미는 크게 다르지는 않다.

싱그러움이 가득한 계곡의 정취는 예술 그 자체였다. 사계절의 풍경은 나무 틈 사이로 보이는 절벽과 바위, 숲 사이로 들어온 햇볕 등 어디에 시선을 두던 조물주의 걸작이 아닌 것이 없었다. 자연을 노래했던 옛 선인들도 떠올려 볼 수 있는 느긋해진 영혼, 자연에 감사함을 어디에 비유하랴.

선인들도 혼자만의 여행을 즐기며, 무수한 걸작들을 내놓지 않았던가. 그렇다고 그들처럼 걸작을 내놓을 요량으로 나 혼자 다닌 여행은 아니다. 그럴만한 재량도 아니거니와 설령 멋진 소재감을 찾았다 한들 그들의 솜씨에 어찌 비하겠는가. 그저 잠시 회한(悔恨)의 마음을 잊고 이렇게나마 자연 일부가 된 것만으로도 만족할 뿐이다.

매사가 너그러워진다. 발길 닿는 대로 걷다가 쉬고 싶을 때, 아무 곳이나 편하게 주저앉아 한가롭게 휴식도 취할 수 있어 좋다. 여럿이 몰려다니는 답사는 가벼운 기분 전환이 될 수 있고, 둘이 다닌 여행은 그 속내를 나누는 기회가 된다. 혼자만의 여행은 나를 발견할 수 있어 좋다. 어디 그뿐인가. 조물주의 선물 공세로 다양한 장르의 예술집(藝術集)을 가득 품고 돌아다니는 기분, 슬픔만 가득 끌어안고 내려올 때와는 천양지차다.

노원골에서 만나는 천상병 시인

그는 하늘나라로 갔다고 한다. 하지만 나는 그를 수락산 입구에서 자주 만난다. 수락산을 오르내릴 때, 숨바꼭질하듯 패널에 얼굴만 내밀고 있거나, 구름집에서 만나는가 하면, 갈대숲에서도 만나곤 한다. 어느 때는 팔에 매달려 있는 아이들과 어울려 웃는 모습도 보고, 이런 모습은 비단 나만 접하는 건 아니다. 수락산 노원골을 찾는 이라면 누구나 만나 볼 수 있다.

전에는 그가 누구인지 몰랐다. 내 옆을 스치고 지나가도 시인이라는 사실을 몰랐기에 인사는커녕 눈여겨본 적도 없다. 내가 이곳으로 이사를 온 건 1980년 중반쯤이었다. 하반기쯤 엄마랑 산책로를 오르내리면서 마주친 그는 늘 혼자였다. 주로 담배를 피우면서 마당바위 주변에 앉아 있곤 했다. 그가 문인이라는 사실을 알게 된 것은 터벅거리면서 내 옆을 지나갈 때가 아니라, TV에서 별세한 모습을 비출 때, 비로소 알았다. 그 이전까지 스치고 지나쳐도 인근에 사는 성치 않은 노인이었다. 나뿐만 아니라 동네에서도 시원찮은 행색에 어눌한 말씨 등 그가 문인이라는 사실을 모르는 이가 더 많았다.

시집 『새』는 천상병 시인을 유명인으로 만들었다. 1970년 말경, 살아 있는 사람의 유고시집을 만들었기 때문이다. 1967년 학계, 예술계 등, 200여 명이 동백림사건(東伯林事件)에 연루되었다. 천상병도 연루되어 당시 중앙정보부에 끌려가 아이를 가질 수 없을 정도로 고문을 받았다. 선고유예로 풀려나 행려가 되어 청량리정신병원에 수용됐었고, 주변에서는 행방불명된 그가 죽은 줄만 알았다. 문우들은 그를 위해 60여 편의 시를 묶어서 『새』를 시집으로 만든 것이다.

문우들은 유고집이 출간된 후, 그가 살아 있다는 소식을 접한 것이다. 71년 초, 문우들은 기뻐하면서 『새』 시집을 들고 청량리 정신병원에 찾아갔을 때, 그는 심한 고문 후유증으로 폐인이 되어 기저귀를 찬 채, 친구들을 맞았다고 한다. 그는 억울한 벌칙으로 인해 슬픈 생을 마감했다. 아니 어쩌면 순수한 어린이 세계에서 가장 행복하게 살다가 떠나갔다고 해야만 위로가 될지 모르겠다. '나 하늘로 돌아가리라, 아름다운 이 세상 소풍 끝내는 날, 가서 아름다웠더라고 말하리라'하고 읊었는지도 모른다.

그는 하루 치의 담배와 막걸리 한 잔의 삶으로 만족했던 사람이다. 생전에 어린애들의 맑고 천진스러움을 좋아했던 그의 정신은 글에서도 잘 나타나 있었다. 세상사의 찌꺼기들을 투명하게 관조하면서 써냈던 작품들은 수락산의 사계절에 비추어 낸 자연들이었다.

노원구청 1층 갤러리에서 천상병 시인 유품전이 열린 적이 있었다. 생전에 사용해온 찻잔과 라디오 그리고 안경, 펜과 집필원고 등이었다. 그의 아내 목순옥 여사가 그동안 보관해 오던 유품들을 중심으로 해서 시인의 모습을 담은 사진, 모뉴망 등이 두 달 남짓 펼쳐졌었다. 그의 삶과 문학을 둘러보면서 생전에 말 한마디 섞지 못한 안타까움은 더했다. 그래서 관계자의 허락을 받은 후, 그의 유품을 휴대전화기로 담아왔다.

그다음 해, 4월 24일 오후였다. 산에서 내려와 동네 어귀로 들어설 때였다. 빗속에 많은 사람이 웅성거리며, 귀천정 뜰에 뭔가를 묻고 있었다. 가까이 가보았더니, 천상병의 타임캡슐을 묻는 중이었다. 그 전부터 보아온 공사 진행(천상병 시인의 공원[歸天亭] 옆)이 막바지 완공식으로 거행되고 있었다. 타임캡슐에는 유품 총 41종, 203점이 묻혀서 시인 탄생 200주년이 되는 2130년 1월 29일에 공개될 예정이라고 했다.

처음 공사는 주변 도로를 재정비처럼 시작되었다. 노원골로 들어가는 도로변에 허름한 무허가 집을 헐어낸 후, 귀천정을 지었다. 그 옆으로 아이들과 어울려 웃는 모습, 높이 1.4미터 청동 등신상을 만들었다. 그리고 노원골로 올라가서 또 다른 정자를 짓고, 노원골 물소리라는 팻말과 함께 시(詩) 패널 7개, 아래는 6개, 모두 13개를 세운 과정을 산을 오르내리면서 보아왔었다.

천상병 시인은 아이가 없었다. 그는 간간이 아내에게 "전기고문을 두 번만 덜 당했어도 아기를 볼 수 있었는데…." 하며 위로를 해주었다고 한다. 그러나 자식처럼 쓴 혼신의 작품은 새로운 꽃으로 노원구 곳곳에서 부활하고 있지 않은가. 남편의 시와 함께 때늦은 소풍 나들이에 바쁜 아내, 72세의 모습은 마냥 행복해 보였다. 그래서인지 생전에는 아름다움으로만 읽을 수 없었던 그의 시가, 요즘은 어디서나 아름다운 운율로 들려오곤 한다. 수락산 자연과 함께 어울려 있는 천상병 시인, 노원골에 들어서면 언제라도 만나볼 수 있어서 정겹다.

당신 만족하십니까

우리나라도 외국처럼 패션의 선호도가 달라지고 있다. 우선 동물권에 대한 관심이 높아지면서 모피를 지양하는 소비자가 늘고 있다. 패션업계에서도 동물 모피를 사용하지 않겠다고 선언했다. 전반적인 흐름은 모피 지양으로 가속화되는 사회 분위기임에도 모피를 선호한 이가 아직도 적지 않다. 하지만 그들의 과시욕 착용은 얼마나 섬뜩한 패션인가. 특히 소름 끼친 모피 영상의 기억을 잊지 않는 이라면, 섬뜩한 모피제품에 두 번 다시 눈길도 주지 않을 것이다.

40여 년 전의 일이다. 한창 추운 겨울에 둘째를 낳았다. 제왕절개 수술 후, 1개월가량의 산후조리가 필요했을 때, 친정엄마는 대전을 오르내리면서 고생하셨다. 첫째 이어 둘째까지 수고해주신 감사의 인사로 따뜻한 방한복을 준비해 드리고 싶었다. 그래서 엄마와 함께 미아삼거리 재래시장으로 갔다. 시장으로 막 들어서려고 할 때, 오른쪽 입구 첫 상점에 걸려 있는 방한복이 눈에 띄었다.

'저 옷, 엄마가 입고 다니면 따뜻할 것 같다'라고 생각이 들었다. 시장 안에 있는 옷가게는 아예 들어가 볼 생각조차 않고, 망설임 없이 첫 가게로 들어갔다. 한겨울의 방한복으로 제격인 까만색의 토끼털 반코트, 엄마한테 맞춤처럼 잘 맞았다. "새댁도 이 코트 한번 입어 봐요" 하며, 갈색 바탕에 검은 줄무늬가 섞인 털 반코트를 입혀 주었다. 산모한테 방한복으로 제격이라며, 거울을 앞으로 끌어당겨 내 모습을 비추어 주었다.

처음에는 "저는 필요 없습니다" 하고 밀쳐 냈다. 상인 아주머니는 나한테 다시 입혀 주면서 거울을 다시 보여 주었다. 털옷은 처음 걸쳐본 내 모습, 예쁘면서 따뜻했다. 상술의 감언이설인 줄 알면서도 솔깃했다. 모피 이름을 무심히 흘려들은 나, 어떤 동물의 털옷이든 상관없이 따뜻한 방한복으로 만족했다. 아껴 입어야겠다는 생각도 없이 매년 겨울마다 어디든 만만하게 입고 다녔다.

그 후, 10여 년쯤, 지나서 밍크코트가 유행하기 시작했다. 특히 중년 여성에게는 한 벌쯤 있어야만 체면이 서는 듯 필수품목처럼 선호할 무렵이었다. 어느 날 TV에서 우연히 가죽이 벗겨진 채, 뒹굴고 있는 밍크들을 보게 되었다. 고품질의 상품을 얻기 위한 모피, 살아 있는 채로 털가죽을 벗겨내면, 고통스럽게 숨을 헐떡거리다가 죽어가는 모습이었다.

"아악, 나쁜 인간들, 너무 잔혹해 …" 차마 두 눈 뜨고 볼 수 없었다. 끔찍한 광경에 나도 모르는 비명이 튀어나왔다. '부(富)의 상징으로 여겼던 밍크코트가 살육(殺戮)의 상징이었다니' 기가 막혔다. 그 영상화면을 접하기 전까지는 모피 생산과정을 전혀 몰랐다. 털 코트 하나를 만들기 위해 180~200여 마리의 밍크들이 처참히 죽어간 사실을 비로소 알게 된 것이다. 그동안 내가 착용하고 다닌 털 반코트, 가죽 백, 가죽구두 등, 저런 살육과정이라는 걸 상상도 못 했다.

섬뜩한 TV 영상은 충격적이었다. 잔인하게 희생당한 생명이 인간들의 호사 기호품이라니…. 새로운 디자인과 색상이 맘에 들면, 모아 두었던 상품권으로 대수롭지 않게 구매하곤 했다. 동물들에게는 단 하나밖에 없는 옷, 그걸 얻기 위해 그들의 생명을 해치면서까지 빼앗은 몰상식의 상징인 줄은 진정 몰랐다.

"당신 따뜻하십니까?"

"당신 행복하십니까?"

"당신 만족하십니까?"

누군가가 무뇌(無腦)인 나를 이렇게 비아냥거리며 지나갔을 것이다. 내 옆을 지나치면서 비웃고 욕을 퍼부었음에도 눈치 없는 나로서는 그저 따뜻함으로 흡족했다. 허영심으로 구매한 것은 아니지만, 내가 좋아했던 방한복이 몰상식의 상징이라니….

그날 밤 안방 장롱이 무서워졌다. 장롱 속에서 신음이 들리는 것만 같고, 모피들이 피를 뚝뚝 흘리면서 괴로워하는 듯했다. 이리저리 들척이며 잠을 청하려고 애를 써 보았으나, 눈만 감으면 TV 영상이 보였다. 섬뜩한 생각에 얼른 일어나 불을 밝혔다. 영문도 모르는 남편은 소등까지 끄라며 짜증을 냈다. 장롱 속에 걸려 있는 모피제품들을 모두 거실로 꺼내 놓았다.

'그냥 버리자, 아냐 그래도 의향은 물어보자' 반복된 고민은 반나절 동안 이어졌다. 체격이 비슷한 지인들에게 전화를 걸어 조심스럽게 의향을 물었다. 이미 사용했던 제품들이라서 선뜻 너 가져라, 할 수가 없었기 때문이다. 다행히 모두 좋은 반응이었다, "너 또 많이 아파? 무슨 일 있는 건, 아니지?" 걱정하며, 마지막 유품 정리로 오해하는 이도 있었다.

그 후부터 모피 제품사용은 멀리하고 있다. 시중에 가볍고 따뜻한 제품들이 흔한 이유도 있지만, 그보다 죄를 그만 짓기 위해서다. 두 눈을 껌벅거린 동물, 산 채로 머리를 둔치로 내리쳐 기절시켰다. 그리고 네 발목에 칼집 낸 후, 그 부위를 잡은 채, 가죽을 훌러덩 벗기면, 깜짝 놀라서 깨어났다. 피범벅인 알몸으로 헐떡거리다가 숨을 거둔 그 모습, 지금도 눈에 선하다. 나 자신의 치장을 위해 하나밖에 없는 그들의 옷과 생명은 두 번 다시 빼앗지 않으리라.

모녀가 즐겨본 하루

딸과 함께 무량사를 가다

서울 도심 속에서 조선의 옛터를 누벼보기로 했다. 하늘 높이 솟은 북한산 자락에 있는 무량사부터 갔다. 전에는 친정엄마의 손을 잡고 함께 다녔던 곳이다. 그러나 엄마가 하늘나라로 떠나신 후, 나 혼자서 무량사로 오르는 발길은 늘 무거웠다.

딸과 함께 오르내린 발걸음은 가벼웠다. 그 지역을 돌아볼 생각으로 머릿속에 꽉 차 있어서인지, 비탈길도 힘들지 않았다. 수려한 경치를 끼고 있는 이곳, 볼거리 또한 풍성하기 때문이다. 북악산과 인왕산 사이로 조선 왕족은 물론이고, 양반들의 별장과 별서(別墅)가 많았던 곳이다. 자연의 동화를 꿈꾸었던 팔자 좋은 이들, 옛 그림을 그려냈던 배경의 명소다.

우리에게 잘 알려진 그림, 몽유도원도(夢遊桃源圖)의 현장이 있다. 부암동의 서쪽으로 인왕산 동쪽 기슭에 안평대군(安平大君)의 흔적이 담긴 무계정사가 있고, 정선과 유숙처럼 돌아보고 또 돌아보는 세검정도 있다. 그런가 하면 흥선대원군의 별장인 석파정(石坡亭)을 비롯해 도성과 북한산성을 이어주던 탕춘대성의 홍지문 등이 있다. 이렇듯 볼 곳이 넘친다. 곳곳을 다 둘러보려면, 바쁘게 움직일 생각뿐이었다.

춘원 이광수 선생님을 찾아

내려오는 길에 춘원(春園) 선생이 살던 집을 찾아갔다. 이해하기 쉽게 하설명자면, 상명대학교 올라가는 방향에서 왼쪽 중국음식점 옆 골목으로 들어가는 입구가 있다. 그 골목을 따라 올라가면, 홍지동 별장 40번지, 이광수의 옛집이 보인다. 그가 동아일보 편집국장, 조선일보 부사장을 역임하다가 건강상의 이유로 사임한 후, 휴양과 창작을 위해 1934년 다시 지은 별장이다.

이 집에서 사는 동안 마을 이름을 따서 홍지출판사도 경영했다. 조선문인협회의 회장활동을 하면서 문단 활동에도 힘썼던 작가 춘원 이광수를 모르는 이는 없을 것이다. 나 역시 이광수 작가를 무척 좋아했다. 그의 작품을 한창 좋아할 때, 마치 작품 속의 주인공인 양, 작품에 따라서 심경의 변화도 심했다.

밤샘으로 정독한 애독자, 지금으로 말하면 찐 팬이었다. 내가 그토록 좋아했던 작품들, 그 작가가 친일파라는 사실을 처음 접할 때, 큰 충격이었다. 자신이 살겠다고 동족을 배신한 친일파라니, 감명 받은 작품에 대한 배신감에 한동안 그를 생각조차 하기 싫었다.

'친일파가 된 피치 못 할 사정이 있었을 거야' 마음을 다독거리며 이해하려고 애썼다. 어떻게 친일파가 되었을까, 그는 평안북도 정주(定州) 출생. 소작농 가정에 태어났다. 1902년 부모를 잃고, 고아가 된 후, 동학에 들어가 서기(書記)가 되었다가 관헌의 탄압이 심해지자 1904년 서울로 상경하였다. 이듬해 친일단체 일진회(一進會)의 추천으로 도일, 메이지(明治)학원에 편입하였다. 그곳에서 공부하며, 소년회(少年會)를 조직하고 회람지 『소년』을 발행하는 한편 시와 평론 등을 발표하였다고 한다.

1910년 동교를 졸업 후, 잠시 귀국했다가 오산학교(五山學校)에서 교편을 잡았다. 그리고 재차 도일, 와세다 대학 철학과에 입학했다. 1917년 1월 1일부터 한국 최초의 근대 장편소설 「무정(無情)」을 매일신보(每日申報)에 연재하였다. 소설 문학의 새로운 역사를 개척한 작가, 이런 과정들을 볼 때, 이 무렵 이미 친일 색이 짙어져 있었던 것 같다.

1919년 도쿄 유학생의 2·8독립선언서를 기초한 후, 상하이(上海)로 망명했다. 임시정부에 참가하여 독립신문사 사장을 역임했다. 1923년 동아일보에 입사하여 편집국장을 지냈고, 1933년 조선일보 부사장을 거쳤다. 언론계에서 활약하면서 「재생(再生)」, 「마의태자(麻衣太子)」, 「단종애사(端宗哀史)」, 「흙」 등 집필했다.

1937년 수양동우회(修養同友會) 사건으로 투옥되었다. 반년 만에 병보석으로 나온 그는 이때부터 본격적인 친일행위로 기울어졌다. 가야마미쓰로(香山光郎)로 창씨 개명 후, 1939년에는 친일어용단체인 조선문인협회(朝鮮文人協會) 회장이 되었다. 광복 후, 친일행위를 했다는 이유로 1949년 반민특위(1948년 반민족 행위 처벌법을 집행하기 위해 제헌 국회가 설치한 특별 기관)에 회부 반민법으로 구속되었다. 병보석으로 출감했다. 6·25전쟁 때 납북되었고, 그간 생사불명이다가 1950년 만포(滿浦)에서 병사한 것으로 확인되었다고 한다.

현재 이 집은 김재철 씨가 매입해서 살고 있다. 1972년 이 집을 샀을 당시에 너무 낡아서 2층집으로 개조하려고 할 때, 조병화를 비롯해 박종화, 김광섭 등 일부 문인들이 김재철 씨를 설득했다고 한다. 춘원의 자취가 사라지는 것을 안타깝게 여겼던 지인들의 만류에 허물지 않고, 춘원헌이라는 이름으로 지금까지 보존되어 온 것이다. 안으로 들어갈 수가 없어 우리가 본 것은 대문 틈새로 보이는 것이 고작이었다.

세월이 흘러도 아름다운 탕춘대

우리는 골목길을 내려오다가 오른쪽 연립주택 옆문으로 나왔다. 이곳은 홍지문(弘智門) 탕춘대(蕩春臺) 터가 있는 길이다. 다리 위에서 올려다본 홍지문의 추녀마루는 잡상(雜像)들이 늘비했다. 고궁의 옛 건축물이나 성문의 추녀마루를 보듯 사방으로 각각 7개씩, 진흙으로 빚어 만든 여러 형상의 토우(土偶) 즉, 잡상이다.

궁궐과 관아 등에 설치된 이 토우들은 악귀를 쫓기 위함이다. 민간신앙의 하나로 하늘에 떠도는 잡귀를 물리쳐 목조건물의 화재 예방 등 건물을 지킨다는 설이 있다. 조선 시대에 성행했던 잡상은 3마리부터 11마리까지 대개 홀수로 앉혀져 주술적인 효과를 바랐다. 홍지문 천정에 그려진 와운문(渦雲紋)의 오색구름은 마치 신선이 타고 있는 듯했다.

1506년 연산군이 시냇물이 내려다보이는 곳에 탕춘대를 지었다. 영조 때 무사들을 선발하여 이 일대에서 훈련을 시켰다고 한다. 훈련장소 연융대(練絨臺)라 불렀던 터는 조금 전, 우리 모녀가 옆문으로 나온 빌라촌 그 자리다. 이곳은 1921년 7월에 문루가 붕괴되었다. 또 같은 해 8월에 오간대수문(五間水門)이 홍수로 허물어져 흔적만 남아 있었다고 한다.

탕춘대 원래 위치는 지금의 차도에 있었다. 1977년 차도를 만들면서 홍지문을 현재 위치로 옮겨 놓은 것이다. 현판은 복원 당시 고(故) 박정희 대통령의 친필이라고 한다. 차도가 생기기 전, 서울성곽에서부터 홍지문을 거쳐 수리봉까지 약 4km 정도란다.

삼국시대부터 한산주(漢山州)로서 탕춘대성은 군사상 중요한 지역이었다. 조선 태조 5년(1396)에 축성된 서울 성곽을 보완하기 위해 임진왜란 및 병자호란 이후, 수도 방위를 위하여 1719년에 완성한 성곽이라고 한다.

1715년(숙종 41)에도 다시 손을 봤다고 한다. 서울의 도성과 북한산성의 방어시설을 보완하기 위해 홍지문, 오간수문 탕춘대성을 건립하였다. 탕춘대성의 출입문으로 한북문이라고도 하며, 탕춘대성은 서쪽에 있어서 서성(西城)이라고도 했다. 홍제천은 북한산과 백사골에서 발원한 물은 오간수문을 거쳐서 한강으로 들어간다. 무지개 형태로 5개의 홍예(虹霓) 곡선은 세월이 흘러도 아름답기는 여전했다.

품격이 고스란히 배어 있는 만세문

홍지문에서 사거리로 올라와서 맞은편으로 건너갔다. 석파정 별당(石坡亭 別堂)을 가기 위해 석파랑 문으로 들어섰다. 오른쪽으로 150년 묵은 감나무가 치솟아 있고, 그 아래는 담장 넝쿨과 함께 인동 넝쿨이 어우러져 꽃을 피우고 있었다. 그 틈새로 석각과 아크닐 패널에 소전 손재형(素筌 孫在馨)에 대한 글귀가 보였다. 왼편으로 만세문(萬歲門)을 들락거리며, 고풍이 깃들여진 기와집 정취를 카메라에 담는 딸의 몸놀림은 부산했다.

만세문은 원래 경복궁에 있었다고 한다. 고종(高宗)이 황제에 오른 것을 기념하기 위해 1898년에 세운 것을 흥선대원군이 석파정으로 옮겨왔다고 한다. 정원 중간쯤 박석(薄石)을 깔아 둥글게 문양을 만들어 사방으로 돌길을 냈다. 그리고 큰 빗물에 떠내려 온 세검정 초석들과 함께 있는 석조물들, 궁궐의 품격이 고스란히 배어 있다.

뒤편 언덕 위로 올라서면 바로 석파정 별당이다. 맞배지붕의 'ㄱ'자 형태로, 방이 모두 3개다. 둥근 창문을 내고, 외벽 주변은 당초 문양을 넣다. 청나라 천진(天津)에서 가져온 중국식 호벽이 남아 있는 곳이다. 사랑채 마루 안쪽은 난간을 설치하여 고풍스러운 분위기가 진하다. 중간의 큰 방은 흥선대원군의 방이고, 건너편 방은 손님을 접대하던 방이다. 대청 방은 난초(四君子)를 칠 때만 사용했다고 한다.

석파당 별당은 본래 김흥근(金興根, 1796~1870)의 소유였다고 한다. 그는 조선 후기의 문신으로 예조판서, 경상도 관찰사, 좌의

정, 영의정을 지낸 인물이었다. 그의 별장을 탐냈던 이하응(흥선대원군)은 아들 고종을 데리고, 그의 별장에서 하룻밤을 묵게 했다. 임금이 머문 곳을 사저로 쓸 수 없다는 조선 법으로 인해 별장을 내주었다, 반강제로 압수한 대원군은 정자의 이름을 석파정(石坡亭)이라 지었다. 앞산이 모두 바위고, 그 산에서 흐르는 시냇물과 소나무가 아름다워서 자신의 별장으로 사용했다.

6·25 이후 석파정은 야전병원으로 사용하게 되었다. 손재형(素荃 孫在馨)은 이곳, 지금의 석파랑으로 거처를 옮겨오면서 이하응이 사용하던 성파정 건물과 만세문 등 일부 부속물들을 이곳으로 옮겨다 놓은 것들이다.

역사 깊은 세검정

맞은편 세검정(洗劍亭)을 향해 건너갔다. 왼쪽 큰길로 올라가면, 오른쪽에 세검정이 있다. 옛날 이곳은 여름철에 시회(詩會)를 열었던 곳으로 유명하다. 시회는 글을 통해 인격을 닦으려는 조선 시대 선비들의 주요 모임이었다. 지금은 북악터널이 뚫리고, 차량도 많아진 큰길가에 주변의 집들이 많아 복잡한 도시로 변하여 예전 세검정의 정취는 흔적도 없다.

세검정에 대한 설은 역사만큼 무성하다. 신라 태종 무열왕(654~660)이 삼국 쟁패 과정에서 죽어간 신라의 화랑과 수많은 장졸의 넋을 기리기 위해 현재 세검정초등학교 자리에 대찰인 장의사(壯義寺)를 지었다. 세검정이라는 정자도 장의사(藏義寺)의 부속 건물인 정자 터라고 한다. 연산군(1500~1505년경) 때, 들어서 그 사찰은 쇠락해졌다. 광해군 15년(1623)에 능양군(綾陽君)은 광해군폐위 할 때, 인조반정에 성공한 후, 홍제천 물에 칼을 씻었다고 하여 세검정이라고 한다. 숙종 때, 북한산성을 수비하기 위해 병영 총융청을 마련하여 군인들의 휴게시설로 사용되었다는 등 다양하다. 총융청 흔적은 세검초등학교 앞 담장 석각문에 있다.

아직도 뚜렷하게 남아 있는 흔적은 차일암이다. 물이 흐르는 암반 위를 보면, 차일 기둥을 박아놓았던 구멍들이 많다. 실록편찬 후, 사초를 씻어 먹으로 쓴 글씨를 지우던 곳이기도 하다. 초초본과 중 초본을 흐르는 물에 세초(洗草)한 후, 근처에 있는 조지서(造紙署)로 보내져서 다시 종이로 재생되었다고 한다.

실록은 그때 살았던 사람들이 보는 일이 생겨서는 안 되었다. 심지어 군왕까지도 볼 수가 없었다. 이런 원칙이 제대로 지켜진 실록은 오직 『조선왕조실록』뿐이고, 빛나는 이유가 바로 여기에 있다. 실록을 만들기 전에 사관들이 매일 왕의 곁에서 모든 것을 일일이 기록한 글이 사초이다. 사초(史草)란 실록편찬의 가장 기초적이고 중요한 자료였다. 세초연(洗草宴)은 실록의 편찬이 완료된 후, 사초나 초고(草稿) 등을 물에 씻어 지우며, 여는 잔치를 말한다. 실록편찬에 참여한 이들을 위로하기 위해 차일암(遮日巖)에서 베풀었단다. 숙종부터 영조 때, 문신이었던 조문명(趙文命, 1680~1732)은 『숙종실록』을 편찬한 뒤 세초연에 참석하여 읊은 시도 남아 있다.

이런 내력을 살펴보고 있을 때, 갑자기 소낙비가 쏟아졌다. 소낙비가 쏟아질 때, 사나운 개울물을 보기 위해 다산 정약용은 일부러 말을 타고 왔다고 했다. 하지만 우리 모녀는 주변을 미처 둘러보지도 못한 채, 소낙비를 피해서 집으로 향했다.

소리로부터 오는 봄

얼음장 밑에서 흐르는 개울 물소리가 제법 크게 들린다. 생동감을 불러일으키는 소리가 산 전체를 깨우는 듯하다. 햇볕 좋은 봄날, 겨울이 녹아내리는 소리에 산행 방향을 계곡 쪽으로 바꾸었다. 엊그제 산을 오를 때만 해도 설한풍으로 심술을 부려대던 동장군, 훈풍에 맥없이 주저앉으면서 만물이 꿈틀거리고 있지 않은가.

좔좔 좔~ 소리는 바위 밑 샘까지 이어졌다. 갈증도 해소할 겸 배낭을 내려놓고, 잠시 숨을 고를 때다. 삐리릭 삐, 삐리릭 삐, 생소한 노랫소리에 고개를 돌려보았다. 한참을 두리번거려도 보이지 않았다. 다시 산을 오르는 도중에 또 들려왔다. 소리 따라서 고개를 나무 끝까지 올려다보았다.

“예쁘게 생겼구나. 네 이름은 뭐니?” 처음 보는 친구에게 말을 붙여보았다. 내 말이 안 들리는 것인지, 듣고도 못 들은 척하는 것인지, 무반응이었다. 배와 목덜미는 주황빛에 검은 깃털 같았고, 뾰족한 긴 부리, 몸집은 직박구리새쯤 되어 보였다. 고개가 아파서 잠시 땅 좀 쳐다보고, 다시 올려다보았을 때, 보이지 않았다. 올라가면서 수시로 다른 나무 끝을 올려다보았지만, 더는 모습을 드러내놓지 않았다. 그동안 내가 못 것인지, 아니면, 어디서 날아온 새인지, 몇십 년을 오르내리며, 여러 새를 만났지만, 이 새는 처음이었다.

산허리를 돌아서 올라갔다. 능선의 바람 소리가 한결 부드러워지고, 나무들의 흔들림도 며칠 전과는 달리 순했다. 가파른 언덕을 올라가 나의 휴식처인 큰 너럭바위에서 자리를 잡았다. 넓게 펼쳐진 바위 아래를 내려다보았다. 음지에는 군데군데 희끗희끗 남은 눈들이 보였다. 하지만 매섭고 거칠던 바람 소리는 어느새 순풍에 시원함으로 느껴졌다.

자리에서 일어나 친구들에게로 갔다. 어디선가 지켜보고 있던 친구들은 내 주변으로 모여들기 시작했다. "애들아! 안녕, 반가워" "꺅꺅 끽끽…." 응답인 양, 반겨주는 듯했다. 30여 년이 흐른 지금까지도 그들의 소리는 뭐라고 하는지, 전혀 알아들을 수가 없다. 하지만 내가 뭐라고 하면, 때로는 저희끼리 응답처럼 다양한 소리를 내곤 한다.

이 친구들에게 먹이를 챙겨주기 시작한 것은 친정엄마 때부터다. 어느 해 가을, 두타산 산행 중일 때다. 곳곳에 소복이 쌓인 도토리와 산 밤을 주워온 우리 부부는 거실 바닥에 쏟아냈다. 이를 지켜보던 큰애가 "이렇게 주워 오면, 산짐승들은 겨울에 무얼 먹고 살아요?" "할머니가 겨울마다 산 짐승들의 먹이를 주잖아" "할머니가 주는 곳은 수락산이지, 강원도까지 먹이를 주는 것은 아니잖아요?" "…" 더 대응할 말이 없었다.

그 이전에도 산 밤을 주워 와 아들에게 한소리 들은 적 있었다. 그랬음에도 또 산짐승들의 겨울 양식을 주워 와 된소리를 들은 것이다. 매년 11월부터 다음 해 4월까지 산짐승들의 겨울 밥을 챙겨준 친정엄마, 나도 엄마를 따라서 그해 겨울부터 행동으로 옮기기 시작했다. 오직 산에서만 먹이를 의존해 살아가는 산짐승들, 도토리 한 톨도 그들의 소중한 식량이라는 걸 비로소 알게 되었다.

그렇게 시작되어 친구로 연을 맺었다. 엄마가 하늘나라로 떠나신 후, 엄마 생전처럼 여러 곳으로 나누어 주지는 못한다. 한 곳에만 11월부터 4월까지는 고정적으로 챙겨주고 있다. 평소 산 친구들에게 먹이를 준 후, 내 딴에는 배려해준답시고 바로 내려오거나, 시간 여유가 있으면, 좀 떨어진 곳에 자리 잡고 운동(stretching)을 한다.

이날도 날씨가 청명했다. 따뜻한 햇볕도 쬐고, 맑은 공기도 들여 마시면서 좀 떨어져 앉아 있었다. 식사를 마친 친구들은 둥지 재료들을 입에 물고 부산한 움직임이 시작되었다.

이렇듯 산속은 지난해처럼 봄맞이 준비가 한창이었다. 우주 섭리에 의한 제구실에 여념이 없는 자연 속, 알알이 틔어 오른 촉들도 금방 터트릴 것만 같았다. 하지만 산 아래 늘비한 아파트, 굳게 닫혀있는 창문은 올봄도 마찬가지다.

2021년의 봄(COVID19), 지난해처럼 웅크린 채, 멈추어 있다. 같은 서울 하늘 아래지만, 산속과 도심 속의 분위기는 천양지차다. 산속은 거목들이 뿜어낸 청정한 산소가 감염 백신처럼 느껴져서 치유제인 양, 혼자일 때는 마스크를 벗은 채, 호흡하고 있다. 하지만 저 아래는 거리 간격은 물론, 각자 마스크 착용과 함께 5인 이상의 모임 금지 등 방역수칙을 지켜야 한다. 재난 안전 본부의 당부가 아니더라도 스스로 방역수칙을 엄격히 지키지 않으면, 곧바로 감염 확진자가 되기 때문이다.

맞은편의 도봉산을 보며, 멍하니 앉아 있을 때다. 내 옆으로 다가온 6명의 중년 남녀, 내 옆으로 바싹 붙어 앉았다. 미착용의 마스크인 그들, 좀 떨어져 앉아도 곱지 않을 터인데, 나더러 비켜달라는 무언의 무례 짓이었다. 황당하고 몰상식한 짓에 놀라 얼른 배낭을 챙겨서 일어날 때다. 내가 앉았던 자리로 넓혀 앉으면서 바람대로 되어 기쁘다는 듯 낄낄거렸다. 불쾌한 이들의 행동은 마치 똥을 밟은 기분이었다.

한참을 내려오다가 계곡으로 갔다. 양지바른 바위에 다시 자리를 잡고 앉았다. 언제나 들어도 청량감을 주는 계곡물 소리, 저 위에서 밟힌 더러운 오물이 씻겨 내려가는 느낌이었다. 얼음장 밑으로 흐르는 힘찬 봄의 소리, 코로나19까지 정화시켜 주는 듯 상쾌했다.

어떤 말이 필요하랴

안목을 넓혀볼 요량으로 적지 않게 돌아다니고 있다. 그렇다고 안 가본 곳만 골라 일정을 잡아서 가는 건 아니다. 가보았던 곳도 계절 따라서 그 느낌 또한 새롭기는 마찬가지, 그래서 계획 없이 무작정 집을 나서곤 한다. 맹목적인 여행일지언정 일상생활에서 벗어나 자연과 더불어 호흡하다 보면, 살아 있는 생명력을 느껴서 좋다. 배낭을 짊어진 모녀, 걷고 뛰면서 낄낄, 오순도순 호흡 또한 척척, 신선한 에너지를 재충전하는데, 만점이다. 산사의 풍경소리와 구름과 바람 등 자연의 일부가 되어 일치된 마음에 의해서일까. 딸 역시 틈만 생기면, "엄마! 이번에는 어디로 갈까?"라고 물으면, 마치 기다렸다는 듯 "어디든 다 좋아, 고고"

지난해 늦가을, 불현듯 주왕산(周王山)으로 향했다. 서울에서 출발하기 전, 스마트폰으로 현지 날씨를 확인한 후, 우비와 두툼한 옷까지 챙겨 넣었다. 그럼에도 제법 많은 양의 비 때문인지 한기를 느끼며, 도착하자마자 녹두를 넣고 끓인 닭백숙부터 시켜 먹었다. 그사이 굵은 빗발은 점점 가늘어지면서 사람들의 움직임이 부산해지고, 우리도 덩달아 서둘렀다.

식당에서 나와 좀 걷다가 우측에 자리 잡은 대전사(大典寺)로 들어갔다. 우의와 등산화를 벗는 번거로움을 덜기 위해 뜨락에 서서 합장을 한 후, 주변을 살펴보았다. 보광전의 용마루 너머로 주왕산 기암이 한눈에 들어왔다. 주왕산의 본래 이름은 석병산 또는 주방산이라고 불렀다고 한다. 한데 이곳으로 피신한 중국 진나라 주왕이 기암 위에 깃발을 세운 이후부터 주왕산이라고 부른 바위란다. 또 임진왜란 때는 사명대사(惟政)가 이 절에서 승군을 훈련 시켰던 장소이기도 하다.

대전사를 지나자, 비경(秘境)의 숲길이 열렸다. 학소대, 용추폭포 등이 모여 있는 주왕산계곡은 생각보다 많이 걸어야 했다. 평지나 다름없는 길이라고는 하지만, 인적이 드문 초행길은 살짝 두렵기도 했다. 오른쪽 냇물을 건너 올라가면, 주왕이 숨어 살다가 죽었다는 주왕굴이 있었다. 왼쪽으로 직진하면, 주왕의 딸이 달구경을 했다는 망월대도 나왔고, 더 들어가니, 청학과 백학이 둥지를 틀고 살았다는 학소대도 나왔다. 장승의 모습을 닮은 시루봉이 장엄한 자태로 우리를 내려다보며 서 있었다. 학소교(鶴沼僑)를 지나 수직 절벽 기암괴석들을 올려다보는 순간, 압도한 우리는 함성이 절로 나왔다.

그 옛날, 선인들은 이 비경을 어찌 알아냈을까, 지금이야 편리한 문명에 의해 스마트폰으로 단번에 알아내고, 또 인위적으로 만들어진 길 위로 편하게 걸으면서 풍광을 감상할 수 있지 않은가. 하지만 이렇듯 방부목재로 바닥을 깔고, 난간을 쳐놓기 전까지, 또 얼마나 많은 사람이 위험한 모험과 애를 썼을까. 첩첩 협곡으로 이루진 이곳을 애초 누가 발견했단 말인가.

'우와 우 와~' 연거푸 나온 감탄 외는 그 어떤 말도 필요 없었다. 제1의 용추폭포, 거세게 떨어지는 폭포, 선녀탕과 구룡소를 돌아 나온 계곡물은 제2의 절구폭포가 떨어져 제3의 용연폭포를 이루고 있었다. 병풍바위로 둘러쳐진 협곡 속, 거센 물소리와 하늘만 빼꼼히 보일 뿐이다. 높게 치솟아 절경에 심취한 우리는 마치 신선들의 세계 즉, 곤륜산 어느 협곡을 걸어 다니는 느낌이었다.

그렇게 얼마나 걸어 들어갔을까, 세찬 물줄기 소리에 귀가 먹먹해질 정도였다. 절경에 빠져 정신 줄을 놓고 있을 때, 저 멀리서 하늘이 열리기 시작했다. 주산지(注山池)로 향하는 길목, 아름다운 풍경은 사방으로 넓게 펼쳐졌다. "멋져, 멋져" 감탄사가 연거푸 튀어나왔다. 호흡을 가다듬으면서 언덕길을 올라갔다. 야생동물서식지 특별 보호구역으로 지정된 표지판이 눈에 띄었고, 이어서 눈앞에 들어온 푸른 저수지는 생각보다 넓었다. 호수라고 부를 만큼 큰 넓이의 저수지는 조선 숙종 때, 1720년 8월에 착공되어 1721년 10월에 완공되었다고 했다. 주변 산에서 흘러 내려온 물을 주산저수지에 담아 아랫마을 농업용수로 사용하도록 만든 것이다. 이후 수차례의 크고 작은 보수공사를 거쳐 지금에 이르렀고, 현재도 농업용수로 사용하고 있는 물이었다. 호숫가

얕은 물 위로 솟아오른 200, 300년 된 20여 그루 나무들 환상적이었다. 각자의 제 그림자를 호수 속에 드리운 고목과 고사목은 몽환적인 분위기를 자아내고 있었다.

호수를 바라보고 앉아서 배낭 속에 들어있는 사과를 꺼내 먹었다. "우와~ 조물주의 작품은 정말 대단하다." 가을색을 담은 호수의 빛깔에 취하여 여기가 어딘가 싶다. 깊숙한 산속에서 '내가 지금 이상세계(理想世界)에 와 있는 거 맞아, 요지연도 병풍 속에 묘사된 신선들의 세상이 바로 여긴가, 그럼 이 사과도 생명을 연장해주는 천도와 같은 과일이란 말인가' 하고 망상에 빠져 고요한 호수 속에 잠긴 가을 산에 넋을 잃었다. 청아한 분위기, 조물주의 경이로움은 그 어떤 말로도 형언할 수가 없었다.

사색(思索)에 잠긴 그녀

내 안에 빛깔은 어떤 색일까. 삶의 고비에 부디 칠 때마다 굴절된 빛을 바로 잡기 위해 무던히 애써왔다. 나를 아프게 했던 이들에 대한 원망과 증오심 등, 무지갯빛 각도를 맞추려고 적지 않게 노력해왔다. 내 딴에는 그렇게 용서한 줄 알았던 미움들, 완전한 용서가 아니라 가라앉아 있는 앙금은 언제든 흔들면, 일어날 수 있음도 부정할 수가 없다.

오늘도 책상 앞에 조용히 앉아 있다. 지금 무엇을 생각하며, 어떠한 자세로 살아가고 있는가, 그리고 언행 하나하나를 누구에게나 성실하고 신뢰성 있게 실천해 왔는지, 이런저런 자문자답으로 나열해본다. 빼곡한 글귀들은 나의 반성문이면서 나를 비추어 보는 거울이 되고, 어제와 오늘의 삶뿐 아니라, 내일을 위한 이정표가 되어 주기도 한다.

자신의 얼굴 반을 명암으로 갈라놓은 화가가 떠오른다. 왼쪽은 밝고, 오른쪽은 그늘이 드리워져 있는 렘브란트(Rembrandt Harmenszoon van Rijn, 1606년~1669년)의 자화상이다. 육화(肉化)된 생명체로서 내면 안팎을 표현하고자 했던 그의 영혼을 헤아려본다. 그는 23살 때부터 그려온 빛과 어둠으로 의미를 형상화한 렘브란트, 그의 진실이 엿보인 그림이 아닐 수 없다. 그가 이런 그림을 그려내기까지는 깊은 조응(照應)의 시간을 적지 않게 가졌을 것이다. 수 없이 고뇌하고 연마한 사고(思考)로 양면성의 빛을 지혜롭게 화폭으로 담아놓은 것이다.

나는 어떤 빛으로 나를 표현할 수 있을까. 수십여 년의 세월로 쌓인 이미지를 보기 위해 마음의 거울 속에 나를 비추어보곤 한다. 부드러운 이미지는 형성되었을지 몰라도 고고한 인품까지 완벽하게 갖추었노라고 선뜻 입은 뗄 수 없다. 하지만 평생 추구해온 삶 '성실하고 착하게 살자'라고 나름대로 인내하며, 아름다운 빛을 품기 위해 부단한 노력을 해오지 않았던가.

좀 더 깊숙이 비추어본다. 자아 인식을 융화시켜준 이런 순간들은 언젠가 만족할 때가 오지 않을까 싶어서다. 그렇다고 해서 솔직히 렘브란트처럼 영혼이 깃든 불의 명암(明暗)을 써낼 자신은 없다. 그때 만약 출판사에서 삶과 양면성의 빛이란 주제로 청탁해오면, 내 반응은 어떨까. 그렇다고 현학적(衒學的)인 표현으로 일부의 빛을 전체의 빛인 양 잔재주를 부릴 두둑한 배짱을 지닌 것도 아니다. 그런 양심의 배포라면, 이처럼 시시때때로 고뇌하지도 않았을 것이다.

본성을 버린 허위 붓은 들고 싶지 않다. 주변에서 언행과 일치하지 않는 포장된 글을 종종 대할 때가 있다. 아무리 잘 쓴 작품일지언정 그건 본인의 글도 아닐뿐더러, 독자를 기만하는 행위로 여겨졌다. 진솔함이 없는 가식적인 글, 평소 그의 인격을 대하는 듯했다. 그래서 포장된 글을 쓰느니 차라리 손사래부터 할 것 같다.

수필은 나이를 먹어서 써야 진맛이 우러난다고 했다. 나이로 따져본다면 이쯤에서 수필에 몰두해 봐도 무방하지 않을까 싶다. 윤오영 씨가 수필은 체험과 상상력에 의한 창조라고 했고, 김광섭 씨는 붓 가는 대로 쓴 글을 수필이라고 했다. 그들처럼 상상력이나 붓 가는 대로 휘두를 만한 필력을 타고나지 못한 나로서는 한 줄, 한 작품, 써 내려가는 일은 쉽고 만만치가 않다.

사색을 메모해 온 건, 수십여 년 전이다. 좋은 글을 쓰기에 앞서 먼저 좋은 사람이 되고자 해서다. 고요함 속에 나를 들여다보는 혼자만의 시간, 지나간 일들을 한 번씩 되돌아보곤 한다. 선악(善惡)의 대립 현상이 심하면, 한 발 뒤로 물러서서 마음의 거울 속을 보며, 나를 찾아 만난다. 하나둘 객관적인 차분한 시각, 무엇보다 타산지석으로 여유로움이 생겨서 좋다.

여유로움에 묵고하지 않고, 양면의 빛을 수시로 견주어본다. 외면의 빛과 내면의 빛 각도가 일치하지 않으면, 마음의 문을 활짝 열어 젖혀놓는다. 행동하는 양심으로 겸허하게 내면을 훑어보면, 미처 생각지 못했던 찌꺼기들을 걸러내는 경우가 종종 있다. 흔히 자신과 뜻이 맞지 않거나, 일이 잘못되면, 상대방부터 탓하며, 비난하기 일쑤다. 만약 나 자신을 들여다보는 마음의 거울이 없었다면, 그들처럼 선악을 구별 못 한 채, 분위기에 휩쓸려 맞장구를 쳐댔을 것이다.

오늘도 책상 위에 나열된 글귀들은 빼곡하다. 고요한 상념의 심경들은 어제뿐 아니라 내일의 빛이기도 하다. 무지개 각도로 언제나 고고한 인품을 얻고자 인생을 조응(照應)하며, 겸허히 연마해 가는 중이다.

천지신명과 만나는 장소

햇볕 좋은 말(末) 날이었다. 음력 정초 소금을 풀어놓고 메주를 깨끗이 닦아 마른 행주질을 해서 장독에 숯과 대추 등 함께 넣었고, 소금물을 부었다. 오랜만에 간장을 담아놓고 마음이 흐뭇했다. 지난가을 시골 친척에게 부탁했던 메주로 담은 것이다. 아파트에서 메주를 띄우기가 쉽지 않아서 염치불구하고 또 부탁했다. 매년 메줏값을 보내면 친척끼리 무슨 돈거래냐며, 다시 돌려보내곤 해서 한동안 부탁하지 못했다. 그러나 음식 할 때마다 간절한 재래된장, 떨어지지 않는 입을 간신히 열었다. 마치 기다렸다는 듯 시원스럽게 응해주었다.

뿌듯한 마음으로 독(醬)마다 한 번씩 열어보았다. 앞뒤 베란다에 놓여 있는 크고 작은 옹기(甕器), 이 항아리들 안에는 생전의 엄마가 해 오듯 마늘장아찌와 무장아찌 등이 담겨 있다. 우리집의 옹기와 질그릇은 엄마 생전에 사용해온 것이다. 무거운 용기들을 고집한 친정엄마, 아픈 여식의 건강을 위해서였다. 조상들의 삶 속에서부터 이어온 실용도구처럼 엄마도 간장, 된장, 김치, 생수(藥水) 등을 담아 사용해온 것들이다. 가벼운 플라스틱 용기가 흔한 세상임에도 무거운 그릇들을 사용해 온 그 정성 또한 대단했다.

장을 담가놓고 보니, 엄마 생각이 절로 났다. 결혼 첫해 구정이 막 지나서였다. 아무것도 할 줄 모르는 여식을 위해 손수 만든 메주를 이고, 장 담그는 날(未)을 맞추어 올라오셨다. 도착하자마자 소금물부터 풀어놓고, 옹기점으로 가서 중간 크기 하나 작은 것 두 개를 골랐다. 큰 독은 엄마 머리에 이고, 나는 작은 독을 양손으로 들고 왔다. 물을 끓여 뜨거운 물로 독들을 몇 번 씻어낸 후, 다시 또 뜨거운 물로 가득 채워 두었다.

점심 식사를 마친 후, 바로 장 담기로 들어갔다. 미리 풀어놓은 소금물을 채로 바쳐 장독에 퍼붓고, 메주랑 함께 가져온 짚, 대추, 숯 등을 넣었다. 정월 장을 담아야 곰팡이도 덜 끼고, 깊은 장맛이 울어 난다고 했다. 1년 먹을 막장과 고추장까지 정성으로 담아놓고, 그 앞에서 두 손을 모아 빌어 주시고, 서둘러 그날로 내려가셨다.

두 아이가 탄생할 때도 마찬가지였다. 정화수를 떠놓고, 장독대 앞에서 두 손을 모아 빌어 주셨다. 엄마한테 장독대는 단순한 김치나 장들을 담아 세워둔 곳만은 아니었다. 친정집에서처럼 서울에 잠시 다니러 오셔서도 장독들은 염원을 담아두는 곳이었다. 두 아이가 무탈하고, 집안에 우환 없이 복을 주시라고, 간절하게 빌던 곳, 장독대에는 당신의 신전과도 같은 곳이었다. 그 정성은 서울에서도 몸져 계시기 전까지 계속 이어졌다.

친정집 장독대는 앞마당과 텃밭 사이에 있었다. 크고 작은 넓적한 돌로 평평하게 만든 초라한 장독대, 그러나 몸가짐을 함부로 할 수 없는 곳이었다. 때때마다 장독대를 깨끗이 씻어낸 후, 정화수를 떠놓고, 칠성님께 비는 곳, 우주의 천지신명과 만나는 장소였다. 가을철은 추수 감사의 인사로 떡을 해서 정성껏 올렸다. 집안에 경사라도 나면, 먼저 우주 하늘의 신께 감사부터 드렸고, 정월 보름이 되면, 정갈한 나물과 함께 촛불을 켜고, 빌었다. 자식들이 아픈 기색이라도 보이면, 정화수와 미역국을 끓여 놓고, 두 손바닥이 닳도록 빌었다. 눈비가 와도 천지신명과 만나고 싶으면, 언제든 정화수를 떠 놓고, 장독대 앞에 앉으셨다.

우리집의 옹기들은 수도꼭지가 있는 앞뒤 베란다에 있다. 동치미를 담글 때나 장아찌 등 담글 때, 이동 거리가 짧고, 쉽게 일할 수 있는 공간이다. 이제 10여 개 정도 남은 독(醬), 엄마가 그러하듯 나 역시 비슷한 용도로 사용하고 있다. 그중에는 쌀독으로 사용하고, 마른 산나물과 고춧가루와 소금 등이 들어가 있다. 가을은 시골에서 올라온 감을 홍시로 익혀 먹는 용기로 사용하기도 한다.

신접살이부터 마련한 장독들을 지금도 사용하고 있다. 내 병시중에도 엄마는 하루도 빼놓지 않고 치성을 올리던 독들이다. 애틋한 정성과 사랑이 담겨진 옹기들을 어찌 내 손으로 내다 버릴 수가 있겠는가. 엄마 생전의 소원과 애환이 고스란히 담긴 장독들, 소중하지 않을 수 없다.

단독주택에서처럼 장독대를 갖추지 못하면 어떤가. 옛 어르신들처럼 재래식 독(醬) 항아리들을 아파트에서 사용할 수 있는 것만으로 좋다. 이런 용기(容器)들로 인해 엄마가 생전에 일러주셨던 고유의 장담그기는 잊지 않은 것이다. 비록 엄마의 손맛을 따라갈 수 없을지언정 흉내라도 내볼 수 있는 것만으로도 흡족하다.

시대 흐름에 밀려 외면당하는 옹기들, 그러나 나한테는 엄마의 상징물이다. 긴 세월의 삶과 영혼이 담긴 독(醬)들, 언젠가 단독주택으로 옮겨가면, 장독대 모습을 갖추어 보리라.

친숙한 괴물 상자

옛날 TV 상자 속에서 보아온 정감 어린 모습 때문일까. 주말 저녁때면, Y 씨가 진행하는 프로그램을 보기 위해 TV 상자 앞에 앉는다. 재치 만점으로 진행된 2시간, 황금 같은 시간임에도 다른 프로그램과는 달리 아깝다는 생각은 없다. 그에게 호감을 느낀 것은 평소에도 소리 없는 선행을 수시로 베푼 착한 성품이다. 그가 예능 프로그램 진행자로서 제1인자의 자리매김을 오래 굳히고 있는 것도 인간적인 선행 때문일 것이다. 그래서인지, 거칠고 욕심 많은 진행자나 출연자는 거부감이 생겨 채널을 돌리곤 한다. 반면에 토요일 1시간, 일요일 1시간 시청하다가 "Y 씨는 언제 봐도 쌈박하고 재미있어." 하며, 자리에서 일어나곤 한다.

"어, TV 채널이 이게 전부네"

"6개 방송이 적은 거야?"

"아니, 뭐 그런 건 아니고…" 하며 말끝을 흐린다.

"우리가 뒤떨어진 문명 속에 살고 있나" 하고 나 역시 덩달아 말끝을 흐렸다. 우리집 방문한 사람 중에 간혹 TV 리모컨 숫자를 이리저리 눌러보는 이들이 있다. 아마도 그 시간 때에 즐겨보는 TV 프로그램 채널을 보려는 듯했다. 종편 TV 채널이 없는 우리집을 좀 의아해하며, 리모컨을 슬며시 내려놓곤 한다.

평소 우리집 TV 상자는 거의 꺼져 있다. 그나마 저녁 뉴스 시간을 챙겨보는 사람은 남편뿐이다. 딸은 밤낮으로 책상에 붙어 앉아 있고, 초저녁잠이 많은 나는 머리가 바닥에 닿는 순간, 잠자기 바쁘다. 밤 9시 TV 뉴스는커녕 드라마도 전혀 못 보는 상태다. 분위기가 이런 집에서 종편 TV 채널까지 필요성을 못 느끼는 건 당연하다. TV를 즐겨보는 이들이 이슈의 드라마나, 연예인들의 이야기가 한창일 때, 종종 딴 세상의 이야기로 들리곤 한다.

본래부터 TV 상자를 멀리했던 것은 아니다. 한때는 밤만 되면, TV 상자 앞에 붙어 앉아 시간 가는 줄 모르고 즐겨 보았다. 그러니까 1960년 후반, 농촌이었던 대전 변두리에도 점점 도시화 물결이 일렁이면서 집집마다 흑백 TV 상자를 들여놓았다. 그때부터 라디오방송을 청취하며, 머릿속으로 애써 사물들을 그려낼 필요가 없어졌다. 또 책방이나 레코드 가게에서 책과 레코드판 등을 사지 않아도 TV 화면을 통해 접할 수 있는 시대가 열린 것이다.

해가 떨어지면 TV 상자는 엄마가 선착순이다. 초저녁잠이 많은 엄마는 주무시다시피 하면서도 일일드라마를 시청하셨고, 이어서 뉴스와 스포츠 시간은 아버지가 챙겨 보셨다. 그 시간 후부터는 역사와 문화, 예술 등 애국가가 나올 때까지 거반 내 차지였다. 그렇게 시청하자고 순번을 정한 것은 아니다. 각자의 취향대로 양보하다 보니, 약속이나 한 듯 차례대로 시청하게 된 것이다. 세계 여행 전집에서나 볼 수 있었던 각국의 풍경들까지 생생하게 접할 수 있는 TV 상자, 그동안 쉽게 접하지 못했던 지식과 정보들을 제공해 주었다. 공짜나 다름없는 문화 혜택을 누릴 수 있었던 TV 상자는 나한테 적지 않은 영향을 미쳤다.

그 후, 대한민국의 경제와 문화발전은 급성장했다. 그래서 요즘은 여러 매체에서 수많은 이야기와 함께 다양한 정보들이 넘쳐나고 있다. TV 방송만 해도 기존의 6개의 채널 숫자에서 수십 개로 늘어났다. 최근 들어 TV 방송사끼리 경쟁 탓인지, 양적으로 넘쳐난 정보들, 반면에 질적으로는 기대에 미치지 못한 프로그램들이 허다하다. 시청자 숫자 늘리는데, 혈안이 되어 흥미 위주의 프로그램이 판을 치고 있다.

시청자의 안목은 아랑곳없는 왜곡된 정보, 신뢰성마저 바닥이다. 드라마는 재벌 가족 중심에서부터 펼쳐지고, 결혼을 향한 황당무계하고, 오만방자한 언행 역시 태반이다. 재력과 집권을 위해서라면, 물불을 가리지 않는 사악한 짓거리가 당연한 듯 막장 행위들이 스스럼없다. 이렇듯 시선을 현혹하여 혼을 빼앗아가는 TV 상자가 나한테는 종종 괴물 상자로 보였다. 그런 행위들이 상식인 양, 사회를 부추기는 느낌이고, 괴물 상자랑 철석같이 뭉쳐서 따라잡기 놀이가 일반화되어 버린 게 현실이다.

지금이 어느 시대인가. TV 시청자들의 수준은 21세기의 고품격의 프로그램들을 원하고 있다. 우선시 여겨야 할 인격과 실력 같은 기본적인 자질은 뒷전으로 밀어붙인 것이 괴물 상자다. 눈에 보이는 화려한 배경이 없으면, 제대로 사람 취급도 받지 못하는 세상처럼 만든 것도 괴물 상자다. 마치 번드르르한 겉모습이 전부인 양, 노골적으로 차별화하는 사회로 부추기는 듯한 문제의 상자, 바로 TV가 아닌가 싶다.

그래서일까, 예전에 친밀했던 TV 상자가 그립다. 고리타분하게 여길지 모르겠지만, 그 시절은 양심적인 행위와 의리라는 것이 서로에게 신뢰감을 주었기 때문이다. 드라마 역시 나라와 부모 형제, 사랑하는 이를 위해, 성실히 땀 흘려 일하는 이들의 성공담이 주류였다. 나쁜 인간들은 사회에서 지탄받으며, 낙오자가 되고, 착한 사람의 승리가 통쾌감으로 모두에게 본보기가 되어주었다. 어느 매체보다 대중들에게 가장 큰 영향을 미치는 매체가 바로 TV 상자다. 예전처럼 정의로운 삶이 표본이 되어 대중들에게 신뢰받는 친숙한 TV 상자, 그때처럼 즐겨보고 싶다.

큰 입에서 새어 나온 웃음

"친척들이 모인 장소인데, 손가방만이라도 좀 갖춰라"

차림새 구색 갖춤이 엉망인 나한테 사촌 언니가 넌지시 한 마디 던졌다. 그럼에도 불구하고 "됐어" 하고, 그대로 나섰다. 자식들에게 선물로 받은 가죽가방들은 멋내기용으로 그만일지 몰라도 불편하다. 어쩌다 구색 갖출 때, 한 번씩 들고 나가면, 무겁고 여간 신경이 쓰이는 게 아니다.

언제 어디서나 편한 것이 좋다. 예전과는 달리 머릿속도 묵직하고 복잡한 것보다 가볍고 단순한 게 좋다. 복장도 몸에 꼭 달라붙은 옷보다 헐렁한 옷들이 편해서 불편한 착용은 멀리하게 된다. 특별하게 예의를 갖추어야 할 장소는 불편함을 감수하지만, 주로 가볍고 편한 차림을 선호한다. 평소 외출복 차림이라고 해서 별다르지 않다. 정장이든, 원피스든 주로 운동화에 천 가방(eco bag)으로 만족하면서 구색 갖춤을 무시해버린다.

가볍고 실용품을 떠올리다가 천 가방부터 쳐다보게 된다. 1996년 여름, 옷감을 쌓아둔 지인의 창고에 빗물이 넘쳤다. 흙탕물에 젖은 천들이 쓰레기로 버려질 때, 새 천이 아까워서 조금 잘라왔다. 빨아 말린 얼룩진 천을 시장용 가방을 만들어 사용하게 되었다. 마지막 시장 가방이 다 해졌을 때, 안 입는 헌 치마를 꺼내 잘라 만든 쇼핑백, 만들어 놓고 보니 예뻤다. 다시 헌 옷을 잘라 안감에 속주머니를 달고 맞붙여 겹으로 꿰매놓은 외출용 가방, 훌륭했다. 큰 입에 내용물도 많이 들어가면서 가볍고 실용적이었다.

그때는 친환경이란 개념도 없었다. 그저 가볍고 내용물도 많이 들어가서 좋아하게 된 것뿐이다. 몇 년 뒤, 하나둘, 천 가방을 외출용으로 들고 다니는 이들이 눈에 띄기 시작했다. 환경보호라는 이름을 앞세워 여기저기서 마케팅 수단으로 기업 로고를 찍어 나눠준 홍보용 사은품도 한몫 거들었다. 요즘은 유행처럼 곳곳에서 남녀구분 없이 친환경 차원에서 흔하게 들고 다닌 모습을 보면서 마치 내가 친환경에 앞장선 원조인 양, 흐뭇하다.

환경파괴를 우려하는 마음은 딸이 한 수 위다. 어디서 사은품으로 에코백이나 텀블러를 줘도 이미 집에 있는 것만으로도 충분하다며 받지 않는다. 소비자들도 에코백의 의미를 재인식하고 제작과정부터 올바른 인식이 필요함을 들추곤 한다. 남용은 환경에 이바지하는 게 아니라 오히려 친환경파괴라는 것이다. 무분별하게 사용하는 기업 홍보물도 자제해야 할 문제점들을 지적했다.

딸이 대학 졸업할 때였다. 그때만 해도 가죽가방과 금값이 그리 비싸지 않았다. 아껴두었던 백화점 상품권을 몇 장을 사용해 18k 얇은 팔찌와 목걸이, 가죽가방을 졸업 선물로 사 주었다. 좋아할 줄 알았던 딸의 표정이 일순간 굳어졌다. 몇 달이 지나서 내 눈치를 살피던 딸은 "엄마! 나한테 준 선물은 내 마음대로 사용해도 되나요?" "너한테 준거잖아. 그걸 왜 물어?" "감사합니다" 하여 비로소 인사를 받았나 싶었다.

며칠 후 딸은 고맙다며 좋은 데 사용했다는 것이다. 처음 어이가 없었으나, 생각해보니, 나의 어리석음을 반성하지 않을 수 없었다. 모피 때문에 죽어간 동물들과 어린애들이 목숨을 내놓고, 지하 땅 굴속에서 금 채취하는 걸 생각하면, 차마 착용할 수가 없어 팔아서 어린 청소년 가장들을 위해 기부했다는 것이다. 그 말을 듣는 순간, 금붙이를 생각 없이 좋아했던 나는 쥐구멍이라도 찾고 싶었다.

딸은 무엇이든 한발 앞서 실천으로 옮겼다. 환경을 생각하며 여러모로 불편함을 감수하고 있다. 오래전부터 잔 빨래들은 세탁비누로 손빨래를 하고, 짧은 머리카락은 샴푸 대신 밀가루를 물에 풀어서 감아왔고. 주방세제 역시 베이킹소다와 구연산을 사용하고 있다. 그럼에도 나는 어디서든 기업들이 판촉물로 주는 사은품들을 덥석덥석 받아오곤 했다. 어느 날 사용하지 않는 에코백을 버리는 것도 오염이라며, 딸이 달라고 했다. 내가 사용할 입 큰가방 3개만 남기고, 모두 꺼내 주었다. 여러 색의 가방을 가로 새로 가위질을 해댄 천 조각들, 이리저리 배색을 넣고 박음질한 가방은 멋졌다. 하마터면 쓰레기가 될 뻔한 천 가방들은 패션 감각적으로 새롭게 태어나서 딸과 함께 곳곳을 누비고 있다.

이런 환경오염 차원보다 이젠 가볍고 편한 것부터 찾게 된다. 머릿속도 무겁고 복잡하면 거부감이 일어나듯 일상생활도 마찬가지다. 어느 날부터 잘 입지 않은 옷과 잘 사용하지 않은 살림 도구들이 신경 쓰였다. 한자리에서 20여 년 살다 보니, 자리만 차지한 자질구레한 용품들이 즐비했다. 아깝다고 여겨온 용품들을 과감하게 정리해버린 후, 마치 내 마음을 비워낸 듯 넓어진 공간이 고맙기까지 했다.

이렇듯 주거환경마저도 헐렁해질수록 좋다. 공짜 살림 같았던 판촉물, 이제는 손사래로 돌아서면서 어깨에 둘러멘 가방부터 본다. 큰 입에서 새어 나온 웃음을 마주 보며, 덩달아 웃곤 한다. 환경오염과 기후 온난화의 예방 차원에서 일조한 뿌듯함보다 우선 무거운 짐 보따리를 잘 피했다는 가뿟함 때문이다.

파란만장한 방황을 끝내고

볼 때마다 내 눈을 의심케 한다. 기왓골을 표현한 몸돌이 대리석이라는 점이 도저히 믿을 수가 없다. 다포 형식으로 두공 형태의 모각(模刻)은 마치 어느 고궁이나, 사찰의 목조건물을 보는 듯하다. 기단부터 갖가지 문양으로 새겨진 아름다운 조각 수법은 감탄사가 절로 나오게 한다. 고려 충목왕이 지금의 내 마음과 같았을까, 아니면 경천사 주지(住持)가 그랬을까, 보면 볼수록 이끌리는 매력에 눈을 뗄 수가 없다.

"국보 86호! 안녕" 인사를 하면, 기다렸다는 듯 사방에서 활짝 웃는 팔작지붕들이 나를 반기는 듯했다. 장엄한 자태를 마주하는 순간, 마치 가슴에 묻어둔 애인을 만난 느낌이었다. 경복궁 뜰에서 81년도에 마주했던 그 느낌과 사뭇 달랐다. 짝사랑에 눈이 먼 것일까, 그렇게 일주일에 한두 번씩 만나는 것마저 성에 차지 않았다. 그래서 아예 카메라에 담아 가까이 간직하고 싶었다. 층층

별로 카메라를 들이대다가 순간 멈칫했다. 거대한 몸집을 앵글에 담지 못해서가 아니다. 그동안 대수롭지 않게 보아왔던 부분들이 그날따라 유난히 큰 상처들로 들어왔기 때문이다.

‘얼마나 부대끼었으면, 온 전신이 다 해졌을까’ 싶어 뜬금없이 내 아픔처럼 느껴졌다. 찡한 마음에 다시 구석구석을 살펴보니, 슬픈 우리의 역사를 침묵으로 끌어안고, 눈물에 젖어 있는 듯했다. 지난날의 상흔, 어찌 아프지 않겠는가. 일본인에게 모든 걸 빼앗긴 36년의 세월, 소름 끼친 과거가 아닐 수 없다. 삼천리 방방곡곡에서 만신창이가 된 대한민국이 신음하며, 일어나듯 이 탑도 마찬가지가 아니던가. 일본 궁내 내신 다나카 미즈야키(田中光顯)에 의해 밀반출되었다.

1907년 2월 22일 밤이라고 한다. 다나카 미즈야키는 야밤에 일본군과 상인 등 50여 명을 시켜서 탑을 무단 해체했다. 그리고 23일 새벽에 해체된 탑을 수십 대의 달구지에 싣고 급하게 옮겨갔다는 것이다. 그가 한국에 온 구실은 3월, 순종의 혼례식에 축하객으로 참석이었지만, 목적은 바로 경천사십층석탑이었다. 그리고 마치 자기네 것인 양, 도쿄에 있는 우에노(上野)공원에 세워놓았다고 한다.

1918년 우여곡절 끝에 상봉하게 되었다. 살점들이 너덜너덜 떨어진 채, 만신창이가 되어 대한민국 땅으로 돌아오게 된 것이다. 복구 불능, 회복 불능으로 치부되던 탑을 시멘트로 덕지덕지 발라서 1981년 광복 30주년 기념으로 경복궁 뜰에 세워놓았다. 콘크리트가 산화되어 부패가 심해 다시 해체하여 경복궁 회랑 한쪽에 두었던 것을 용산으로 이전하면서 원형에 가까운 모습을 보게 된 것이다. 탑의 복원은 하루아침에 이루어진 것은 아니라 국립중앙박물관 건설 시작과 함께 이루어진 것이다.

이와 같은 작업 또한 유물을 사랑하는 이들에 의해서다. 경천사십층석탑 복원 10개년 계획을 수립할 수 있었던 것은 유물을 귀하게 여겨온 분들의 노력에 의해서였다. 오염된 이물질을 제거하고, 일본 반출 및 반환 과정에서 심하게 파손된 부분들은 강원도 정선과 평창에서 나오는 비슷한 대리석을 사용해 복원해 낸 것이다. 애정 어린 심려와 각고 끝에 갑석 상하면으로 돌려 새기진 연꽃무늬를 비롯해 각종 문양을 볼 수 있게 해준 이들을 생각하면 절로 박수가 쳐진다.

2005년, 국립중앙박물관 개관과 함께 새로 태어난 것이다. 유물 해설을 마치고 나면, 동쪽으로 갔다. 2층 안쪽 난간에서 이 탑에 새겨진 문양을 찾는데, 최상의 위치다. 한동안 1층 기단(基壇)부에서부터 3층을 번갈아 오르내리면서 층별로 달리 새겨진 문양을 찾는데, 여념이 없었다. 예전에 올려져 있었을 탑두부의 빈자리, 모두 손실되어 흔적뿐이다. 양화부터 보개와 수연, 보주는 또 어떤 형태였을까, 그때의 상륜 모습은 상상조차 할 수 없어 안타까웠다. 십층 석탑은 1층 4면에서부터 4층 4면까지는 아미타회, 영산회, 삼세불회, 다보불회, 화엄회 등이 있다. 다음 층부터 5존불(五尊佛)과 3존불(三尊佛) 등 장시간 탑의 문양에 빠져 있다 보면, 목은 물론, 허리까지 뻐근하다.

이 탑(塔)은 경전과 다름없다. 경천사에 처음 세워졌을 때는(고려 충목왕 4년(忠穆王), 1348, 경기도 개풍군 광덕면 부소산) 탑의 구실은 물론, 기원하면 병까지 치유를 해주었다고 한다. 그래서 한때 약황탑으로 불렸다고 한다. 그러나 지금은 부처의 사리를 모셔두고 예배하는 대상물이 아니라, 관람객을 맞이하는 유물로 서 있다. 비록 본래의 구실을 상실했을지언정 대한민국 최고의 박물관에서 휴식을 취하고 있어 다행이다. 여전히 내 눈길을 사로잡는 경천사십층석탑(敬天寺十層石塔), 지금의 이 자리가 영원히 편안한 안식처가 되기를 바랄 뿐이다.

5

넋을 잃은 나의 붓

천 년의 몸체가 사그라져도

매미들의 합창과 함께 숨이 턱턱 막히는 무더위다. 1991년 열기로 달아오른 경복궁의 뜨락이 떠오른다. 그해 어느 날, 매미들의 합창이 한창일 때, 우리는 박물관 관람을 마치고 뜰을 걷고 있었다. 따가운 햇볕을 피해 들어간 곳은 탑들이 즐비한 은행나무 그늘이었다. 시원한 고목 아래서 이런저런 담소를 나누다가 부식이 심한 법천사 지광국사현묘탑에게 시선이 멎었다.

석각에 새겨진 문양들을 눈여겨보았다. 다른 석조물과는 달리 범상치 않은 탑, 시대적인 형체는 얼핏 생각났지만, 진귀한 문양들의 뜻은 제대로 꿰고 있지 못했다. 그 무렵만 해도 궁금한 점들은 관련된 서적들을 들추어보아야만 알 수 있었다.

국립중앙박물관이 용산으로 이전 직후였다. 찻집에 앉아서 이런저런 이야기를 나누는 도중이었다. P가 농담으로 "우리도 유물해설사가 되어볼까"라는 말에 "그래 볼까" 하고 대응했다. 합격의 여부를 떠나서 이왕 나온 김에 신청접수까지 했다. 그 뒤 여러 과정을 거쳐서 우리는 다 같이 합격했다. 2005년 처음 1년간은 해설사로서 갖추어야 할 복합적인 교육과정의 기간이었다.

다음 해에 시작될 해설을 위한 준비과정은 철저했다. 서로 수집한 자료들을 나누어 갖는 것은 물론, PC방에 들려서 각자의 블로그를 만들었다. 중요한 자료가 있을 때마다 나누어 가진 자료들을 저장해 두었다. 멋진 해설사가 되어보자고, 서로의 격려도 아끼지 않았고, 각자 노력하는 모습도 진지했다.

그때가 바로 엊그제 일만 같다. 호흡 또한 척척 잘 맞은 우리 4명은 무엇이든 즉각 이루어졌다. 특별히 모난 사람도 없었고, 튀려는 사람도 없이 비교적 무난한 성격들이었다. 그래서 같은 방향을 바라보며, 함께 어울려 다녔다. 다양한 공간을 함께 붙어 다니던 그때, 가는 곳마다 즐겁지 않은 곳이 없었다.

우리의 돈독한 우정은 끝까지 간직할 줄 알았다. 유물해설사가 되어 5년 가량 참으로 즐거웠다. 그러나 열 길 물속은 알아도 한 길 사람의 속은 모른다고 했던가. 4명 중에 K는 해가 거듭되면서 보기 좋았던 열정은 시샘으로 돌변했다. 제각각의 다른 재량과 성향을 그대로 인정하기는커녕 슬쩍슬쩍 흠집을 만들어 주변으로 흘리기 시작했다. 우정과 의리보다 분위기에 휩쓸려 본인이 무슨 짓을 하고 있는지, 분별을 못 했다. 경솔한 행위가 연거푸일 때, 실수가 아닌 의도적 행위임을 짐작했다.

K의 못난 행위를 비난보다 본인에게 맡겨 두기로 했다. 지금껏 K의 생존수단이라는 걸 알고 '네가 시작 한 일, 마무리도 네

몫이다' 별다른 대응을 하지 않았다. 평소 남의 뒷담화나 비겁한 행위를 보면, 즉시 단절해버렸지만, K에게만큼은 마음의 문을 닫지 않고 기다려주었다. 털어서 먼지 안 나는 사람은 없듯 K의 단점이라 여기었다.

그로부터 3개월 후였다. 내 반응에 당황했는지, K는 또 S를 상대로 심술을 부렸다. 격분한 S의 반응을 지켜보던 P가 자신도 이미 2년 전, 같은 근무지에서 K로부터 당했다며 그때야 우리에게 털어놓았다. 남의 흠담은 죄악임에도 죄의식은커녕 즐기는 짓, 지위 고하를 막론하고, 애초 성장 과정에서부터 악의가 비롯된 듯싶다.

그 후, K와 우정은 소식과 함께 끊겨버렸다. 의리와 우정으로 똘똘 뭉친 우리의 위상을 끝까지 밀고 나갔더라면, 서로 간의 인격도 한층 더 돋보였을 텐데…. 그러나 생각의 폭이 좁았던 K의 치졸한 행위로 인해 땅에 떨어진 우정, 못내 안타까웠다.

한꺼번에 홍역을 치른 우리 3명은 두 번 다시 K를 입에 담지 않았다. 그 대신 남은 3명의 우정은 이전보다 한결 신중해졌다. 행여 마음 다칠세라 서로 언행 하나하나를 더 조심하며, 소중한 인연으로 이어지고 있다. 친구 하면, 미국의 Stephen Schutz 여류작가의 시를 빼놓을 수가 없다. 친구란 중에서 축약하여 여기에 옮겨 보기로 하자.

> 우리 모두 친구가 필요하다. 외로울 때, 아플 때, 그리고 서러울 때 등 우리는 언제나 친구가 필요한 존재이다. "많이 아팠겠다." "얼마나 힘들었니." 따뜻한 말 한 마디에 닫혔던 마음이 열리고 상처가 아문다. 친구는 내가 하는 모든 영향을 주는

사람, 친구는 즐거울 때, 친구는 괴로울 때, 찾아오는 사람, 친구는 네가 무엇을 하든 그것을 이해하는 사람. 친구끼리는 경쟁하지 않는 사람, 그가 없이는 자기 자신이 완전할 수 없는 또 다른 너 자신 (생략).

이 시(詩)에서처럼 지금껏 친구라면 마땅히 그러리라고 믿었다. 그렇게 서로 믿고 의지할 수 있는 사이라고 생각했다. '너는 또 다른 나다'라고 신뢰를 원칙으로 굳게 믿었다. 늘 믿는 도끼에 발등을 찍혀왔음에도 얼마나 더 찍혀야만 정신을 차릴지, 모르겠다.

얼마 전, 위와 흡사한 행위로 또 뒤통수를 맞았다. '이 세상 다하는 날까지 미더운 친구, 의지하고 싶은 친구라고 자신 있게 말하고 싶었던 너, 한번쯤 더 생각하고, 나를 믿고 지켜 보아줘…' 이런 망상으로 믿고 있다가 또다시 당한 것이다.

일련의 일들을 돌이켜보면 헛웃음이 나온다. 우정과 의리는 아랑곳없는 이기적인 배신감은 또 아픈 상처를 남긴 것이다. 하지만 내가 당했다고 해서 그녀의 본성을 내 입으로 드러내 놓고 싶지 않다. 누워서 침 뱉는 짓보다 차라리 말문을 닫아버린 것은 그녀를 진심으로 좋아했기 때문이다.

그동안 우정과 의리를 지키려고 애써온 바보짓, 그러나 후회는 없다. 혼자만의 짝사랑은 역시 어떤 사랑이든 가슴 아프기는 마찬가지인 것 같다.

그녀의 속내를 몰랐을 때, 어리둥절했다. 곰곰이 생각해보니, 그녀한테 나라는 존재는 처음부터 특별할 것도 없는 무의미한 존재였다. 그저 같은 멤버의 일원일 뿐, 그 이상의 감정도 없었다. 오직 그 분위기 속에서 돋보이고자 한 그녀, 은근슬쩍 나를 밀쳐

내는가 싶더니, 그쪽 조류를 타는 동시에 내 뒤통수를 내려친 것이다.

그녀는 쾌재를 부를지 모르지만, 나는 너무 슬펐다. 나를 아프게 했던 우정, 왜 그랬을까, 따져 묻고 싶지도 않다. 안타까운 점이라면, 특정인의 의견이 마치 진리라도 되는 양, 정당화시켜버린 것이었다. 다른 논리가 인정되지 않은 채, 편향되어 그렇게 이미 익숙해 있는 그녀의 뇌, 아예 멈춘 듯 올바른 인식은커녕, 분위기에 휩쓸린 헛똑똑이 짓, 못내 씁쓸할 뿐이다.

이제는 모두 지난 일이 되었다. 앞으로는 누가 되었든 나한테 대하는 만큼 똑같이 상대해 줄 생각이다. 시끄럽던 매미들의 합창도 시간이 지나면, 아름다운 음률로 느껴지듯 얽힌 감정도 흐르는 세월에 맡겨 두기로 했다. 즐비한 석조물 중에 유독 눈에 띄었던 법천사지광국사 현묘탑, 모진 풍파로 천 년의 몸체가 사그라져도 아름다운 본바탕은 국보급으로 남아 있지 않은가. 정신적으로 부딪힌 상처, 비록 친구의 형체는 사그라졌어도 먼 훗날, 우정의 본질은 아름다운 한 페이지의 꽃으로 피어날지 어찌 알겠는가.

사라진 당산나무

“여기에 처음 오신 분, 계십니까?”

해설을 시작하기 전, 관람객들에게 먼저 물어본 말이다. 처음 왔다면, 그림 보는 방향부터 미리 알려주어야만 해설할 때, 초점을 같이 움직일 수가 있기 때문이다.

“자, 좀 더 가깝게 오십시오. 이 풍속화는 소품이기 때문에 가까이 오셔야만, 자세히 볼 수가 있습니다. 그리고 병풍은 좀 떨어져서 보시면 되겠습니다. 어느 작품이든 크기에서 1.5배 정도의 떨어진 거리에서 보시면 됩니다. 우리의 그림은 서양화와는 달리 반대 방향에서 대각선으로 감상하시면 되겠습니다. 왜냐면, 옛날 어르신들은 글씨와 그림은 오른쪽에서부터 왼쪽으로 썼거나, 그렸습니다. 그래서 오른쪽 위에서 왼쪽 아래로 옛사람의 시각으로 보시면서 옛사람의 마음으로 느껴 보십시오.”

나는 무엇보다 우선 관람객 눈높이에 초점을 맞추려고 한다.

내 경험에 비추어 보면, 대부분의 전문적인 학문을 전달형식의 해설을 해주었다. 슬라이드와 전시, 그림 교육을 익히기 전까지는 이해하기가 어렵다. 그림에 대한 식견이 부족할 때, 오주석의 강의는 내 입맛에 짝짝 달라붙었다.

하루는 동네 주민과 우연히 대중교통을 함께 타고 내렸다. 나는 3동에 살고, 그녀는 11동에 사는 젊은 여인이었다. 그녀는 오주석 강의를 들으러 간다며, 나와 함께 가자고 했다. 이야기를 나누다 보니, 같은 장소, 바로 경복궁박물관 강당이었다. 그녀는 동양화를 전공한 후, 남자 고등학교 미술선생이었다. 당시에 첫 아이를 출산 후, 산후조리를 소홀히 하여 병가 중이었다. 그 와중에서도 그림 강의와 관람은 열심히 찾아다니고 있었다.

그녀는 도움이 될 만한 서적들을 빌려주곤 했다. 상통한 우리는 언니, 동생 호칭을 사용하면서 가까워졌다. 그때만 해도 오주석이란 이름은 일반인들에게 그리 알려지지 않았다. 하지만 그녀는 이미 그의 강의를 거의 꿰고 있을 정도였다. 그녀가 수원으로 발령받기 전까지 전시 관람도 함께 다니면서 친하게 지냈다.

2005년 2월 5일 첫째 주말이었다. 지인으로부터 그의 부음의 소식을 전해 듣는 순간, 나로서는 충격이었다. 그의 강의를 들을 수 없는 것은 물론, 우리의 옛 그림에서 당산나무 한 그루가 쿵 쓰러져버린 느낌이었다. 그는 국립박물관을 비롯해 호암미술관과 간송미술관에서 학예연구사로 우리 그림연구를 위해 몸담은 사학도다. 이제 겨우 49세, 한창 활동할 나이가 아닌가. 설날 연휴가 시작되면서 슬픈 소식에 맥이 탁 풀렸다. '10년만 더 살았더라면…' 젊은 미술사학도의 짧은 생이 못내 안타깝고, 그를 떠올리면, 언제나 자상한 배려와 친절한 웃음이 아른거렸다.

우리의 옛 그림 공부를 하게 된 것은 1992년 3월부터였다. D대학 주영숙 교수로부터 지금의 역사박물관 뒤편 시립미술관에서 실시한 한국화 강좌를 소개받았다. 4명의 친구와 함께 한국화를 섭렵하면서 흥미진진해졌다.

무엇이든 아는 만큼 보이고, 들린다고 했던가. 그 시대의 삶이 고스란히 배어있는 옛 그림을 보면서 넋을 잃곤 했다. '심재불언(心在不焉)이면, 시이불견(視而不見)요, 청이불문(聽而不聞)이라. 마음이 없으면, 보아도 보이지 않으며, 들어도 들리지 않느니라.' 이 말이 가슴에 와닿기까지 20년 가량의 세월이 필요했다.

그림에 대한 열정은 결코 헛된 시간은 아니었다.

'知之者 不如好之者, 好之者 不如樂之者(지지자 불여호지자 호지자 불여악지자) 알기만 하는 사람은 좋아하는 사람만 못하고, 좋아하기만 하는 사람은 즐기는 사람만 못한다.'라고 했다.

그래서일까, 관람객 앞에 서면, 우선 즐겁다. 마치 내 천직인 양, "진경산수화(眞景山水畵)로 유명한 화가는 누구죠?" "겸제, 정선입니다." "네, 우리 옛 그림에 관심이 많군요." 대답이 나왔을 때, 관람객들을 추켜세워 준다. 반면에 모두 묵묵부답일 때는 "네, 감사합니다. 오늘도 여러분 덕에 제가 또 살아났습니다. 여러분들은 무조건 모르신 겁니다. 그래야 제가 삽니다. 모르시죠?" "네." 하면서 서로 웃곤 한다. 그들이 박물관에 온 것을 다소나마 즐거운 시간으로 만들기 위함이다.

"그럼 진경산수화 중에서 국보 216호, 「仁旺霽色圖」를 보겠습니다. 우리 산천을 우리만의 기법으로 그린 작품입니다. 호암미술관 소장입니다만, 필요에 따라서 대여 전시도 이렇게 합니다. 산 전체가 화강암으로 되어 있는 서울 인왕산을 그린 것입니다. 제색(霽色)이란 비 온 뒤에 맑은 풍경을 뜻합니다.

겸재는 장마철 어느 날 오후, 비가 막 갠 인왕산을 보았답니다. 그때, 물안개가 피어올라 가는 것처럼 친구(사천 이병연)가 병석에서 일어나기를 기원하며, 지필묵을 잡은 것입니다. 친구의 쾌차를 위해 간절한 마음으로 그려낸 작품이라고 합니다. 겸재와 사천은 평생을 서로 글과 그림을 주고받으면서 절친하게 지낸 벗이었답니다. 두 사람의 합작품을 묶어 경교명승첩(京郊名勝帖) 시화첩을 만들어 후손에게 남기기도 했습니다. 그리고…"

해설을 하다 보면, 신들린 듯 줄줄 나왔다. 한참을 떠벌리다가 불현듯 고인이 된 오주석 선생이 떠올랐다. 감칠 맛 나는 그의 강의가 지금도 눈에 선하기 때문이다. 비록 그의 강의에 비할 바는 못 되지만, 어설픈 해설일지언정, 그의 흉내를 내볼 수 있는 것만으로도 마냥 즐겁다.

누가 왜

수락산 능선 길 중간쯤으로 올라섰을 때다. 많은 사람이 웅성거리면서 아래쪽을 향해 뭔가를 보고 있었다. TV 뉴스에 보도된 지점인 듯하여 발걸음을 재촉했다. 미처 다 가기 전에 매캐한 냄새가 진동했다. 설마 하면서 좀 더 가까이 다가 보았다. '세상에 누가 이런 몹쓸 짓을 했을까' 하고 푸르러야 할 나무들, 시커멓게 탔거나, 화염으로 말라비틀어져 있었다.

도대체 무엇 때문에 이런 고약한 짓을 했을까, TV에서 수락산 화재현장이 비출 때마다 산 친구들의 안전이 궁금했다. 집에서 걱정하는 것보다 직접 화재현장을 확인한 결과 훨씬 더 심각했다. 당분간 평지만 걸어야 한다는 무릎관절 담당 의사의 당부를 어기면서까지 올라 와본 것이다.

누가 왜 이런 짓을 했는지, 이해할 수가 없었다. 불길은 철탑 밑에서부터 타올라온 것이라고 했다. 그리고 능선 밑으로 내려가

군데군데 불을 지르면서 내려간 것으로 추정들 했다. 방화범의 한순간의 심술로 고스란히 당한 산 친구들이 가슴 아팠다. 움직이지 못한 크고 작은 나무들은 그 자리에서 고통스럽게 죽어간 것이다. 아름드리소나무와 참나무 등 엄청난 넓이로 시커멓게 타 있었다.

어디로 이동한 것일까, 아니면 다 타죽은 것인가, 사방을 둘러보며 찾아보아도 움직이는 친구들은 한 마리도 보이지 않았다. 매캐한 냄새 때문에 물 적신 수건을 코에 대고 팔각정까지 내려왔다. 방화범은 팔각정 옆 네쌍둥이 밤나무에서부터 불을 질렀다고 한다. 진입로에서부터 계천을 따라서 팔각정까지 거의 평지나 다름없어서 노약자들이 주로 많이 찾는다.

여러 가지 꽃들이 봄부터 가을까지 만발한 곳이다. 매년 두 분의 할아버지가 매일 계천에서 주어온 돌멩이를 조금씩 쌓아 올리고, 그 위에 흙을 메꾸어 뜨락을 만들어 예쁜 꽃밭을 잘 가꾸어 놓은 덕분이다. 산에서 캐온 진달래와 매화 복숭아 등 팔각정 뜰은 무서리가 내릴 때까지 온갖 꽃들이 피고 진다. 연세 높은 두 어르신의 수고로움으로 하여금 이곳을 찾는 이의 마음과 눈이 호강하는 만인들의 쉼터, 저녁 때까지 발길이 끊이지 않는 곳이다.

마침 3명의 소방관이 올라오고 있었다. 남은 불씨가 어디선가 발화될까 염려되어 살피는 중이었다. 소방관들의 뒤를 따라 올라가면서 산불에 대한 궁금증을 물어보았다. 그들의 말에 의하면, 방화범은 사회적 불만이나, 충동 방화 가능성이 짙고, 방화로 추정한 예는 여러 군데가 동시다발로 20~40m 간격으로 발화된 점이었다.

화재 시점도 밤과 새벽쯤, 등산객들이 뜸한 시각의 방화로 보고 있었다. 지난 5월 7일과 22일, 6월 2일은 오후였고, 3일 새벽, 6월 8일도 새벽이란다. 그렇게 10여 일 동안 약 23,000㎡의 산림이 타버렸다고 했다. 야생동물의 서식지가 파괴되는 것은 물론, 자연생태계에도 심각한 타격을 준 행위였다. 산사태와 같은 2, 3차 피해는 물론, 산불이 뿜어낸 이산화탄소의 양과 나무들이 그만큼 자라서 본래대로 복원되기까지는 수십 년이 걸린다고 했다. 산불은 나무와 함께 각종 미생물까지 심각할 만큼 파괴해 버린 것이다.

처참한 화재현장에서 맥이 풀려 내려왔다. 수락산 진입로 이런 글귀가 현수막에 걸려 있었다. 불이 난 날짜와 불에 타버린 면적, 그리고 결정적인 단서나 범인을 신고하는 이에게 상금 1백만 원을 주겠다는 문구였다. 산불피해는 수억 원이 넘을 듯한데….

자라 보고 놀란 가슴 솥뚜껑 보고 놀란다고 했던가. 전에는 밤낮으로 무심히 흘려들었던 오토바이 소리, 혹시 소방헬기가 아닌가 싶어 철렁한 가슴으로 두 귀가 쫑긋해진다.

뜰이 넓은 곳이면

한마디로 거절해버렸다. 가족들에게 내 답변이 매정하게 들렸겠지만, 나로서는 그게 진정한 대답이었다. 지금의 우리 처지로 넓은 뜰이 있는 집에서 행복한 공생관계, 그건 단지 희망 사항일 뿐이다.

TV 화면에서 학대받는 동물들을 보면, 안쓰러운 모양이다. 발바닥이 해진 뜬장개와 인위적인 품종교배로 평생 아기만 낳다가 죽어간 동물들을 보면서 데려왔으면 한다. "불쌍해라. 한 마리만 안 될까…." "또~오, 싫어. 넓은 뜰이 있는 단독주택에 살면, 그때 생각하자" 한 마리만이라도 우리가 구해주자는 애걸을 싹둑 잘라버렸다. "이 개는 명품종인데, 특별히 생각하고 줄 테니까 한번 키워 봐" 하고 주변에서 종종 권유를 받기도 한다. 어떤 종류든 상관없이 사양하는 것은 함께 살아갈 여건이 안 되기 때문이다.

동물을 좋아하기로 말하자면 누구 못지않다. 어려서부터 친정집은 토끼와 닭, 마루 밑에는 개가 늘 있었다. 친정아버지가 짚으로 두툼하게 엮어서 따뜻하고 푹신하게 만들어준 집에서 아가들도 꼬물거렸다. 특히 복실이와 순둥이(犬名)는 내 옆에 붙어 있기를 좋아했고, 언제나 든든한 친구이며, 사랑스러운 동생들이기도 했다. 한겨울은 꼬물거리는 아가들이 행여 감기라도 들세라, 윗방에 몽땅 들여다 놓고 함께 자기도 했다.

서울에서 개를 처음 키운 것은 큰애가 중2 때다. 봄비가 몹시 내리던 토요일, 현관문을 들어선 아들의 손에는 물에 빠진 생쥐 같은 것이 들려 있었다. 등굣길에 오들오들 떨면서 비를 맞고 있던 강아지가 하굣길에는 쓰러져 있더라는 것이다. 확인해 보니까 살아 있었고, 그대로 두면 곧 죽을 것 같아서 데려왔다고 했다. 친정엄마는 이유를 막론하고 우선 살려놓고 보자며, 미지근한 물로 강아지 목욕부터 시켰다. 그리고 미지근한 우유를 수저로 떠먹인 후, 수건으로 싸서 이불을 덮어 푹 재웠다. 반나절을 죽은 듯 자더니, 밤중에 생기를 되찾은 강아지는 이리저리 돌아다니며, 재롱을 부려댔다.

그 이튿날 아침이다. 아들에게 그 자리에 두고 오라고 했다. 온종일 들락날락대더니, 저녁때 아들은 다시 끌어안고 들어왔다. 친정엄마와 두 아이는 버려진 개라면서 가엾어했다. 아파트에서 개와 함께 산다는 건, 생각해본 적이 없었다. 그래서 '개 주인을 찾습니다. 000 연락 주세요' 써서 그 자리에 붙여놓고, 주인이 나타날 때까지만 맡기로 했다. 며칠이 지나서 낯선 음성의 전화한 통을 받았다. “강아지를 잘 부탁드립니다.”라고 남자는 단 한 마디만 남기고 끊어버렸다. 가족들의 환영은 썩 내키지 않았지만, 어쩔 수 없었다.

두 아이는 개 이름을 재롱이라고 붙였다. 그렇게 1년이 지난가을이다. 집수리할 때, 밖에 묶어둔 사이 수캐가 다녀간 모양이다. 어느 날 친정엄마가 “재롱이가 아이를 가진 것 같다.”라고 하셨다. 그 후, 점점 배가 불러오더니 1월 4일 강아지 4마리를 낳았다.

재롱이는 치와와 종이었다. 곰의 아빠는 잘 모르겠고, 3마리는 엄마의 털을 닮아 검은색인데, 곰만 흰털에 황색 반점이 약간 섞여 있었다. 한 달이 지나면서부터 제 형제보다 몸집도 크고 생김새도 곰의 형상 같아서 이름을 곰이라고 붙여 주었다. 곰은 제 형제들과는 달리 먹성도 세고, 사료는 외면한 채, 사람의 음식만 좋아했다.

3마리는 분양하고 곰은 제 어미와 살기로 했다. 이때부터 한 마리씩 차지한 두 아이는 서로 데리고 자겠다는 다툼도 사라질 뿐만 아니라, 예민한 사춘기 시절도 모르고 넘어갔다. 산책과 배변을 겸해서 아침은 내가, 점심때는 친정엄마, 저녁은 남편 이렇게 정해져 있었지만, 귀가 시간이 늦은 남편 대신 친정엄마가 데리고 다녔다.

5, 6년쯤 지나서 재롱이와 곰은 생이별을 할 수밖에 없었다. 평소 건강이 부실한 나는 오른쪽 아킬레스건이 끊어졌다. 재롱이와 곰의 배변은 고스란히 엄마 몫이 되고 말았다. 벅찬 일을 조

금이나마 덜어주기 위해 남편은 두 마리를 친척 집에 보냈다. 두 아이는 개 사진만 보아도 훌쩍거리며 보고 싶어 했다.

"나도 보고 싶다. 내가 감당할 수 있으니, 개를 데려오자"라고 하셨다. 심한 반대에 부딪힌 남편과 상의 끝에 가족들은 한 마리만 데려오기로 했다. 의견대립이 팽팽한 두 아이는 결국 가위, 바위, 보로 정해서 곰만 다시 오게 되었다. 안팎에서 제 어미를 찾느라고 두리번거린 것을 보니 짠하다며, 친정엄마는 재롱이도 마저 데려오자고 하셨다. 그래서 재롱이는 내가 걸어 다닐 때, 데려오기로 약속했다.

그 후, 두 달쯤 지나서 재롱이가 죽었다는 연락을 받았다. 머지않아 만날 수 있으리라는 기대감으로 참고 기다렸던 큰애는 재롱이 사망 소식에 마치 형제가 죽은 양, 슬퍼했다. 남편은 "군대 갈 녀석이 그깟 개가 죽었다고 울어" 하고 핀잔을 주었다. "오빠, 미안해. 너무 슬퍼 마. 곰도 슬퍼하잖아. 우리 곰 함께 잘 키우면 되잖아"라고 위로와 함께 훌쩍거렸다. 제대 후, 복학을 마치고, 회사에 들어가서도 주말 중, 하루는 곰과 함께 시간을 가졌다.

곰은 생김새만 다를 뿐, 하는 짓은 사람과 흡사했다. 좋고 싫은 감정은 물론, 의리도 있으며, 말귀도 다 알아들었다. 아침 산책길에 급한 볼일임에도 행인들의 눈에 띄지 않는 나무숲이나 바위 뒤에서 볼일을 마쳤다. 그리고 새 먹이를 주는 곳마다 빼놓지 않고 앞장서 갔다. 비탈진 언덕에서 미끄러져 넘어지면, 황급히 뛰어온 곰, 얼굴과 손을 핥아 주며 괜찮으냐는 표정으로 올려다 보았다. "난 괜찮아" 하고 머리를 쓰다듬어 주면, 방울을 딸랑거리며 다시 앞서가곤 했다.

우리 집에서 곰은 막내둥이였다. 곰도 제가 사람인 줄 착각했다. 친정엄마가 드라마나 가요무대를 시청하면, 그 옆에 붙어 앉아서 함께 TV를 보곤 했다. 밤에도 제 잠자리에서 안 자고, 이 방 저 방 돌아다니며, 팔베개를 베고 코를 골면서 잤다. 가족들은 외식이라도 하면, 막내둥이를 챙기느라고, 일부러 조금 더 주문해서 구워온 고기를 가위로 잘라 먹이곤 했다.

친정엄마와 함께 산행에 나설 때 곰도 데리고 갔다. 언덕길이 힘들면, 적당한 곳에 벌러덩 드러눕곤 했다. 우리 모녀를 걱정하는 막둥이, 꼼짝 않고 옆에 앉아 지켜주었다. 엄마가 하늘나라로 떠나신 후, 몇 해 동안 나를 더 지켜주던 막둥이도 12월 15일 밤, 20일이 모자란 만18세 나이로 제 수명을 다하고, 친정엄마 곁으로 갔다.

지금은 어떤 동물이든 함께 살 수가 없다. 그래서 무조건 좋다고 키우고, 불쌍하다고 데려올 수가 없다. 품종이 뭐든 간에 동물의 생명은 사람과 다름없이 모두 귀하기 때문이다. 동물과 함께 공생관계를 위한 합심은 가족 모두 많은 희생을 감수하고 애써야 한다. 우리 막둥이와 행복한 공생관계를 유지해온 것은 친정엄마가 계셨기에 가능했던 일이었다. 이제는 전후 사정을 심사숙고하지 않으면, 자칫 서로에게 스트레스만 가중될 뿐이다. 그래서 넓은 뜰이 있는 단독주택을 운운하며, 몰인정하게 잘라버린 것이다.

마르지 않는 빛고을의 강

길어지는 미얀마 사태, 남의 일 같지 않다. 지금 미얀마는 쿠데타로 무고한 수많은 생명이 죽어가고 있다. 노약자 할 것 없이 군인들은 잡히는 대로 몽둥이로 때리면서 군화로 걷어차고 총기로 난사하고 있다. 생사 여부없이 쓰러진 이들을 어디론가 질질 끌고 간다. 그럼에도 학생들과 시민들은 죽기를 각오하고 쿠데타 세력과 맞서 싸우기 위해 거리로 나오고 있다.

TV를 통해 이런 광경을 보면서 광주민주화항쟁이 떠올랐다. 42년 전, 대한민국에서도 미얀마와 흡사한 일이 벌어지지 않았던가. 하지만 세계로 활짝 열려있는 미얀마항쟁과는 달리 광주지역은 군인들의 무력으로 전화선마저 차단된 채, 고립된 상황이었다. 완전한 봉쇄로 주검과 맞선 항쟁, 남녀노소 없이 죽어간 수많은 목숨, 그러나 광주지역에서 무슨 일이 벌어졌는지조차 다른 지역에서는 전혀 몰랐다. 언론 통제로 인해 당시 처절한 참상은 그대로 감추어졌다. 수년 뒤 청문회 때, 당시 노무현 국회의원에 의해서 언론매체를 통해 밖으로 드러난 것이다.

전 김영삼 대통령 때였다. 5 · 18 사건으로 전두환과 노태우, 두 사람의 청문회가 열렸다. 그때 비로소 광주지역의 5 · 18 민주화항쟁이 세간에 알려지기 시작했다. 그 이전까지는 폭도들을 진압한 5 · 18 광주사태, 빨갱이 어쩌고 잠깐 언급되다가 잠잠했다. 청문회가 열린 후, 모 방송국 일요스페셜에서 현장을 생생하게 담은 다큐멘터리가 TV를 통해 확실하게 보여 주었다.

제목이 「푸른 눈의 목격자」 독일의 한 외신기자였다. 그가 직접 현장에서 찍은 사진과 영상물 등 실제상황들이 공개될 때, 군인들의 무자비한 행위는 충격적이었다. 자국민들을 몽둥이로 때리거나, 군홧발로 걷어차는 것은 예사고, 마구잡이로 난사한 화면은 전쟁 그 자체였다. 그렇게 무고한 많은 사람의 죽음은 쉬쉬 비밀에 부쳐온 것이다.

수년 전 「민초들의 아픔」이란 제목으로 글을 썼다. 그 자료들을 요약해서 여기에 옮겨 보겠다. 18년간 독재로 누려온 고(故) 박정희 유신정권에서부터 안으로 곪아있던 고름 덩어리가 1979년 10·26사태 후, 외부로 터진 것이다. 긴급조치로 밀려났던 해직 교수와 제적 학생들이 학교에 복귀함으로써 학원 민주화 열풍이 일기 시작했다. 노동자들도 노조 민주화, 근로조건 개선을 내세우며, 전열을 가다듬었다.

이때 계엄사령부는 모든 옥내외 집회 시위의 금지 명령이 내려졌다. 언론 출판 보도 및 방송의 사전 검열, 각 대학의 휴교령,

직장이탈 및 파업의 금지조치를 취했다. 정치 활동 중지로 김대중, 김종필 등 26명의 정치인을 연행하여 정치인의 손발을 묶고, 김영삼을 연금시키는 등 정치적 탄압을 감행한 것이다.

이로써 27개 대학 학생대표들은 집회와 가두시위 등 일제히 전개하기로 결의했다. 5월 14일 광화문, 종로, 15일에는 서울역 광장에 학생, 시민 20만 명이 운집하여 계엄철폐, 민주화 추진을 요구하는 시위를 벌였다. 국민의 의사가 충분히 전달된 것으로 판단하고 17일부터 정상수업을 받으면서 시국을 관망했다. 그러나 계엄사령부는 5 · 17 비상계엄 확대조치를 선포한 것이다.

신군부는 정권장악을 목적으로 0시를 기해 전국비상계엄 확대를 단행하였다. 다른 지역에서 신군부의 집권 음모를 규탄하였음에도 전남(全南) 광주지역만 무력으로 봉쇄한 채, 불법 조치가 취해진 것이다. 1980년 5월 18일 0시, 비상계엄의 확대에 따라 봉쇄된 공주지역으로 전북 금마에 주둔하고 있던 7공수 부대를 포함 47개 부대가 이 작전에 동원되었다고 한다. 47개의 병력은 고립된 광주지역의 학생과 시민들에게 마구잡이로 총기 난사한 것이다.

그 후, 살벌한 시국은 지속 되었다. 전두환 대통령에 이어 노태우 대통령으로 지속되면서 누구도 광주사태에 대한 언급은 감히 입을 떼지 못했다. 엄청난 사태를 언론매체마다 대서특필로 내보내야 함에도 어떤 언론사도 제대로 활자화해서 싣지 않았다. 그때만 해도 대다수 국민은 시국 돌아가는 소식은 언론매체에 의존할 때, 언론매체는 국민의 눈과 귀를 막아버렸다. 시퍼런 칼날을 세운 정권, 한쪽에서 피눈물을 쏟고 있다는 사실조차 전혀 몰랐고, 그렇게 광주항쟁은 파묻히고 있었다.

비가 촉촉이 내리던 날, 친구와 함께 「화려한 휴가」를 보게 되었다. 약간의 코믹스러움을 겸비해 가족과 형제애로 묶은 흥행위주로 꾸민 영화였다. 하지만 광주지역의 힘없고, 무고한 이들의 희생을 발판삼아 신군부가 권력을 장악하게 된 5 · 18의 메시지는 확실했다.

「택시 운전사」 역시 5 · 18 참상의 메시지였다, 독일 특파원(위르겐 힌츠페터)이 위험을 무릅쓰고 광주로 잠입한 과정은 아슬아슬했다. 고립된 광주지역의 참혹한 현장과 실상을 직접 촬영한 화면을 전 세계에 알린 것이다. 위르겐 힌츠페터 스토리로 이어진 5 · 18 광주민주화항쟁 소재를 담은 영화였다.

그와 관련된 영화를 본 후, 광주지역을 내려가 보고 싶었다. 이전까지는 사찰과 유배지 등 그 주변만 맴돌다가 왔을 뿐, 광주는 가본 적이 없었다. 그래서 2019년 5 · 18을 맞이해서 광주로 향했다. 금남로에서 맞이한 전야제, 도로 한복판에 모여앉은 유가족들은 대형으로 설치된 영상화면을 보면서 하염없이 울어댔다.

아름다운 빛고을에 핏빛으로 물든 날이었다. 긴박한 상황 속에서 죽음과 맞섰던 처절했던 민주항쟁, 그 화면을 다시 보아도 가슴 아팠다. 옆에서 흐느끼는 소리와 함께 눈물이 저절로 나왔다. 이렇듯 피 한 방울 섞이지 않았어도 슬픈 일인데, 참상을 당한 유가족들은 얼마나 원통할까. 수십 년이 지났음에도 부모 형제와 자식을 잃은 유가족들이 흐르는 슬픈 눈물은 강물 같았다.

서로가 감싸고 슬퍼해야 할 자국의 비극이었다. 그럼에도 숭고한 목숨을 조롱하듯 폄훼하는 그 세력들의 심장은 또 무엇일까, 어떤 심장을 가졌길래 1980년 5월 18일 자신들이 저질은 폭동을 되려 항쟁하는 이들에게 덮어씌우는 것일까. 덩달아 맞장구를 치는 무리, 자신들의 부모 형제가 그 자리에서 죽임을 당했어도 그 입을 함부로 놀렸을까.

양심다운 양심들은 모두 다 어디로 간 것인가. 광주지역으로 투입된 7공수부대와 47개 부대, 명령하고 행동으로 옮긴 무리, 무릎이 닳도록 사죄해도 부족한 판국 아닌가. 명백한 사실을 왜곡한 그 세력들과 함께 자신의 이익을 취하기 위한 폄훼로 유가족들의 가슴에 못 질을 하다니….

이 문집을 교정 중에 두 전직 대통령은 서거를 했다. 노태우 전 대통령은 10월 26일. 전두한 전 대통령은 11월 23일이었다. 이들은 광주시민들에게 한 마디의 사과도 없이 저세상으로 떠나 버렸다.

누구도 왜곡할 수 없는 항쟁이다. 신군부와 목숨 걸고 맞선 광주민주화운동은 세계에서도 큰 관심사가 되었다. 거울이 된 항쟁은 곳곳에서 오늘도 이어지고 있지 않은가. 대한민국 근현대사의 대표적인 5 · 18 광주민주화운동, 그러나 남은 상처는 아직도 빛고을의 강물로 흐르고 있어 안타깝다. 지금도 종결되지 않는 미얀마민주화항쟁, 훗날, 부디 마르지 않는 미얀마의 강이 아니라 영원한 민주화꽃이 되기를 바랄 뿐이다.

부질없는 짓

아침나절에 해인사를 찾았다. 어떤 목적이 있어서 찾아온 것은 아니었다. 그냥 뒤엉켜버린 머릿속을 훌훌 털어내 버리고 싶었다. 가슴은 급체한 듯 답답하고, 손발은 맥이 풀려 곧 쓰러질 것만 같았다. 석가탄신일이 막 지나서인지, 여느 때보다 한산했다. 몇 번을 왔던 곳이라서 이미 눈에 익은 전경들은 뒤로하고 대적광전으로 들어가 참배부터 했다. 그리고 다시 나와 오색등으로 덮여 있는 마당으로 내려갔다.

마당에 그려진 해인(海印)선을 따라서 합장을 하고 돌기 시작했다. 글자 도상 형식으로 배열하여 법계도장(法界圖章) 또는 해인도라 일컫기도 한다. 해인선 안을 얼마나 돌고 돌아야만, 사심이 텅 비워지고 대상도 공허한 경지에 이를까. 깨닫고 달관하여 악심과 선심도 없이 일체의 시비도 사라져 무심의 세상일을 초탈하게 된단 말인가.

마음을 모아 정신을 집중해보려고 애를 썼다. 그러나 오고 가는 불자들과 연등에 붙인 다양한 염원의 글귀들, 사방으로 분산되는 눈길과 함께 정신도 분산되었다. 원래 해인의 뜻은 고요한 바다에 삼라만상이 그대로 비치는 모습을 뜻한다. 해인도를 통해서 마음이 고요하면 해인삼매 상태가 된다는 의미다. 하지만 이토록 산만한데, 신발이 닳도록 해인선 안을 돌아다닌다고 해서 경지에 도달할 리가 만무다.

합장한 손을 내리고 계단을 올라 장경판전(藏經板殿) 앞으로 갔다. 고려 시대에 만들어진 8만여 장의 대장경판을 보관하고 있는 곳이다. 이리저리 안쪽을 들여다보면서 한 번도 정대불사에 참여하지 못한 아쉬움에 '나도 언젠가는 대장경을 머리에 이고 경내를 돌며, 내 소원을 빌어 보리라'고 다짐을 했다. 팔만대장경의 우수성을 세계에서 인정하여, 2007년 6월 유네스코 즉 세계기록유산으로 지정되기도 했다. 해인사에 남아 있는 건물 중 가장 오래된 이 건물, 현재 국보 제32호로 지정되어 있다.

다시 돌층계를 내려오면서 세어보았다. 그동안 무심히 오르내렸던 돌층계는 23계단, 올라갈 때보다 내려올 때가 더 가파른 느낌이었다. 극락전(極樂殿)을 비롯해 원통전(圓通殿)과 조사전(祖師殿) 등 건물마다 둘러본 후, 석탑 등 경내를 세세히 눈여겨보았다. 석조여래입상과 비롯해 원당암다층석탑, 석등 이곳의 모든 것은 문화재가 아닌 것이 없고, 보물이 아닌 것이 없었다.

해인사는 9세기 초에 세워진 절간이다. 신라 애장왕 2년(802)에 당나라에서 유학하고 돌아온 순응과 이정, 두 대사가 가야산의 서남쪽 기슭에 세웠다고 전한다. 조선 세조 3년(1457)에 큰불이 나서 다시 지었고, 성종 19년(1488)에 학조대사가 왕실의 후원으로 다시 지어 '보안당'이라고 한다. 산속 깊은 곳에 자리하고 있어 임진왜란에도 피해 간 절간, 그러나 조선 숙종 때부터 고종 때까지 2백여 년간 7차례나 불이 나서 건물 대부분이 타버리고, 지금의 건물들은 대부분 조선 후기에 세운 것들이다.

세월이 갈수록 격조 높은 것이 석조물이라 했던가. 이곳의 아름다운 석조물과 사찰 등 천년의 꽃이 되어 현재 국보 제52호로 지정되었다. 해인삼매 경지에 이른 해인사, 화엄종의 초조(初祖)의 상대사의 법손들과 애장왕, 유물과 함께 세월의 여과를 거쳐 온 만큼 고품격으로 더한층 돋보였다.

천년만년 살아갈 인생살이던가. 잠시 머물다가 떠나갈 세상, 아파하는 번뇌도 부질없고, 모두가 부질없는 짓인 것을. 언젠가 저 구름처럼 사라질 인생, 이곳까지 내려와 대방광불화엄경(大方廣佛華嚴經) 경전에 해인삼매(海印三昧)의 구절을 흉내를 내보려는 짓도 어리석은 짓이 아닌가.

모두 다 헛되고 부질없는 짓이다. 나의 번뇌는 멈추지 않는데, 우주의 참된 모습이 넓고 깊은 바닷물 속에 어찌 비치리. 일체가 허공의 꽃이거늘. 무슨 육신에 얽매이려 하는지, 이 또한 어리석은 욕망이 아니던가. 모두가 공수래공수거 인생인 것을.

슬프면서도 아름다운 이야기

J 친구와 나들이는 시작부터 경쾌했다. 우선 풍경 좋은 곳에서 점심을 먹은 후, 자리를 옮겨 인공폭포가 쏟아지는 곳에서 커피를 마셨다. 화창한 4월의 봄기운 탓인지, 장난스러운 동심이 꿈틀거리기 시작했다. 여기저기서 사진 찍기를 연거푸 찰칵 찰칵해대다가 사진 촬영전용으로 기울어진 모형커피숍 건물로 갔다. 마치 천하장사인 양, 검지 손 하나로 들어 올리는 시늉을 하며, 번갈아 찍어주는 모습 또한 10대 소녀들이 따로 없었다.

J 친구는 다시 사릉(思陵)으로 향했다. 2009년 유네스코 세계문화유산으로 사릉도 함께 등재된 곳이다. 사적 제209호로 지정되었으며, 2013년 1월 1일부터 일반인에게도 개방되었다. 근처에서 언뜻 보아도 야트막한 산에 잘 관리된 소나무 숲은 능(陵)이 자리한 곳임을 짐작케 했다. 입구로 들어서자 소나무 숲길 사이로 수많은 식물과 함께 전통수목 양묘장이 있었다.

홍살문을 들어서서 정자각(丁字閣)까지 이어지는 참도는 비교적 짧은 편이었다. 정자각 내부 문 사이로 바라본 능, 그러나 보이는 건 언덕뿐이었다. 그 위로 올라가면 능침이 있었으나, 출입금지였다. 정자각 오른쪽으로 정순왕후(定順王后)의 비각이 있고, 그 안에는 전서체로 조선국 정순왕후 사릉비(朝鮮國 定順王后 思陵碑) 쓴 비석이 보였다. 그 뒤쪽 언덕 위로는 해주정씨의 묘역이 자리하고 있었다.

사릉은 조선 6번째 왕비의 능 이름이다. 단종(端宗)의 정비인 정순왕후(宋氏 1440년~1521년)가 묻힌 곳이다. 이 여인은 여량부원군 송현수(礪良府院君 宋玹壽)의 딸로, 본관은 여산(礪山)이고, 영응대군(세종의 왕자)의 부인은 고모이면서 시 숙모가 된다. 이렇듯 부족함 없이 성장한 그녀는 15세의 나이로 한 살 연하인 단종과 혼인하여 왕비로 책봉되었다. 그러나 숙부인 수양대군에 의해 단종은 노산군(魯山君)으로 강봉되어 영월로 유배되었다. 그녀 또한 군부인(君夫人)으로 격하되면서 관비가 되었고, 친정 또한 풍비박산이 나버렸다. 한때 신숙주는 그녀를 자신의 종으로 달라고 했다가 물의를 빚었다고 한다. 이후 세조는 그녀를 노비이지만, 아무도 범하지 못하도록 정업원(淨業院)으로 보냈다. 정업원은 부군을 잃은 후궁들이 출궁하여 여생을 보냈던 곳이라 한다.

그 후, 복위되기 전까지 염색업을 하며 연명했다. 중종 때부터 복위는 거론되었으나, 송시열과 김수항 등의 거듭된 건의로 숙종(24년, 1698년)에 단종과 함께 복위되었다. 정순왕후로 추봉 되어 82세의 나이로 생을 마감했다. 그녀가 자식이 없다 보니, 단종의 누이인 경혜공주(문종의 딸)의 시집(海州 鄭氏)에서 장사를 치르고, 해주정씨의 종가묘역 한쪽에 안장되어 그들에 의해 관리가 된 곳이다.

강세황(豹菴 姜世晃) 그림 「知樂窩圖」를 봐도 산자락 한쪽 끝에 비석 두 개만 그려져 있다. 이 그림 전체화면을 보면, 맨 앞쪽으로 안채로 보이는 기역'ㄱ'자 비슷한 기와 건물과 사랑채로 보이는 기와 건물이 있고, 그 주변은 초가집 몇 채가 있다. 그리고 들녘과 소나무 사이에 작은 초당 옆으로 커다란 연못이 있다. 개울 건너편으로 드문드문 초가마을과 산들은 멀리 보인다. 그때도 이곳은 소나무가 울창했던지, 중간 산등성이 유난히 새파랗게 그려져 있다. 산자락 왼편 한쪽으로 전각이나 석물도 없이 작은 비석 두 개만 세워진 곳이 바로 정순왕후가 묻혀 있는 사릉인 것이다. 이 그림은 1761년 정월에 친구 박언회(朴彦晦)의 초청으로 지금의 경기도 남양주에 강세황이 가서 정택조(鄭宅祚)의 집도 방문한 후, 그 일대를 돌아본 후, 그린 것이다.

정순왕후가 해주정씨의 묘역에 묻히게 된 내력을 요약해보면 이러하다. 노산군이 영월 유배지에서 죽자, 그의 자형인 정종(鄭悰)도 광주 유배지에서 주검을 당했다. 정종이 죽은 뒤(1461년)세조가 내시를 보내 경혜공주를 한양으로 데려오라고 명했다. 세조는 공주가 낳은 아이가 계집아이면 데려오되, 사내아이면 죽이라고 했다. 이때 세조의 부인인 정희왕후(貞喜王后)가 내시를 내전으로 불러 "문종 임금의 핏줄은 공주가 낳은 아이일 뿐이다. 사내아이라도 반드시 데려오라. 임금을 속인 죄는 내가 받을 것이다"라고 했다. 아이를 데려와 여자 옷을 입혀 내전에서 키웠다.

어느 날 세조가 내전에 들러 사내처럼 노는 여자아이를 보고 물었다. 왕비가 전후(前後)를 사실대로 말했다. 세조는 아이를 무릎에 앉히고 "지나간 일을 말해 무엇 하리. 아이를 보니 눈물이 쏟아지는구려" 하고 오래도록 살아가라는 뜻으로 이름도 미수(眉壽)라고 지어 부르게 했다. 그날부터 경혜공주에게 마음대로 궁궐 출입을 허락했고, 대궐 밖에 집을 지어주면서 미수는 지산군(훗날 성종)과 함께 지내게 했다.

세조는 자신이 죽기 전 '경혜공주는 죄가 없으니, 이후에 정종의 족친을 연좌하지 말라'고 명했다. 그러나 세조(1469)가 죽고 나서 예종이 즉위하자, 한명회 등이 두 차례나 역적 집안의 자식이니 죽여야 한다고 했다. 예종은 "내가 정종의 아들 일은 세조의 전교를 친히 받아 책에 써 두어서 알고 있으므로 거론하지 말라" 하였다.

예종이 죽고 성종이 즉위하자 정희왕후(貞喜王后)가 섭정을 하게 되었다. 이때 정미수(鄭眉壽)가 벼슬길에 나섰다. 그러자 다시 또 서거정과 성준 등이 정미수(鄭眉壽)를 죽여야 한다고 들고 일어났다. 성종은 "세조의 유명이 있었고, 대왕대비의 지시가 있으니, 거론하지 말라" 했다. 신숙주의 무리들은 좀처럼 수그러들 기미가 없자, 이번에는 대왕대비(貞喜王后)가 직접 나서서 "선왕은 경혜공주의 지아비가 죄를 지어 죽은 게 아니다. 그의 아들 정미수도 마찬가지라고 했다. 그리고 예종에게 부탁하기를 정미수를 해하지 않도록 유교(遺教)를 쓰게 하였다. 그런데 대신들이 또 문제 삼는 건, 무슨 특별한 이유가 있는가"라고 되물으며 강경하게 대들자 조용해졌다고 한다.

여러 해가 지나서 정미수는 성종 임금에게 시양자(侍養子)로 해 줄 것을 청했다. 임금이 특별히 이를 허락하자 정순왕후에게도 친어머니와 다름이 없이 효성을 다했다고 한다. 정미수는 정순왕후 보다 먼저 별세했다. 그래도 남은 여생을 편안히 보낼 수 있었던 것은 그의 아들 승휴(丞休)또 효심을 다 했기 때문이다. 82세로 생을 마감하자, 승휴는 3년 상을 입고 선산 기슭에 모셨고, 그 후, 단종이 추복(追復)될(숙종 24년, 1698년) 때까지 그의 자손 대대로 단종 내외의 신주와 제사를 모셨다고 한다.

본래 한 지역에 왕이나 왕후의 능으로 장지가 결정되면, 일정한 거리의 모든 묘들은 이장 당해야 하는 것이 당시 제도였다. 하지만 바로 옆에 해주정씨 묘역은 어명에 의해서다. 정순왕후 사후에도 묘역을 잘 돌봐 준 공으로 그대로 남게 되었다. 아카시아나무 한 그루 보이지 않는 잘 관리 된 산, 그래서 후손들이 잘 되기를 바란다면, 생전에 많은 공덕을 베풀라고 했던 모양이다.

슬픈 사연이 담긴 능을 둘러본 후, J 친구와 나는 "우리의 후손들을 위해서 우리도 좋은 일 많이 하자"며 경쾌한 발걸음으로 돌아왔다.

*사릉 하면 우선 사기(四基)의 능으로 떠올리기 쉽다. 동구릉 하면, 9기의 능을 가지고 있고, 서오릉 하면 5기, 그리고 서삼릉은 3기의 능 이렇게 각각 있기 때문이다. 하지만 사릉은 숫자(四)를 사용하는 것이 아니라, 어린 나이에 비명횡사한 남편을 일평생 생각하다 생을 마감했다고 해서 생각할 사(思) 자를 쓰고, 1기의 능만 있다.

어쩌자고 여기에 온 것일까

6월 중 순경이었다. 해맑은 아침, 산책로를 오르다가 불현듯 엄마가 보고 싶어졌다. 그곳에서 나를 기다리고 앉아 있을 것만 같았다. 꼭 가 보아야겠다라는 마음에서 저절로 발걸음이 빨라졌다. 이날은 음력 초하루도 아니고, 법문이 있는 날도 아니다. 그렇다고 나한테 무슨 일이 있었던 것도 아니었다.

가쁜 숨을 고를 새도 없이 가파른 길을 단숨에 올라갔다. 용굴암 안쪽을 들여다본 후, 대웅전으로 들어갔다. 염주를 돌리며, 108배를 올리고 계셔야 할 모습, 하지만 보이지 않았다. 고개를 돌려 좌우로 다시 살펴봐도 기도를 드리는 엄마는 없었다. 허둥지둥 곳곳을 찾아보아도 그 어디서도 보이지 않았다.

아무것도 시야에 들어오지 않았다. 수년 전, 그 모습에만 온통 집중되어 찾다가 법당으로 들어갔다. 합장한 후, 엎드렸다가 일어나기를 얼마나 반복했을까, 무릎 통증을 느끼면서 참배를 멈추었다. 또 멍하니 앉아 있기를 얼마나 지났을까, 떠들썩한 불자들의 소리에 한쪽으로 자리를 비켜 앉아서 불상을 올려다보았다.

'전에는 삼존불상이 아니었는데….' 뭔가 달라진 느낌에 차분하게 엄마와 함께 오르내린 기억 속의 절간을 더듬어 보았다. 차츰 머릿속 기억장치가 회전하면서 새롭게 바뀐 법당 안의 사물들이 하나, 둘 눈에 들어오기 시작했다. 먼저 선정인(禪定印) 석가여래 좌상이었다. 기존의 본존불상에서 왼쪽 관음보살과 오른쪽 지장보살상을 양쪽 협시로 세워 삼존불을 모셔놓았다.

일어나서 밖으로 나왔다. 2008년 9월까지 보아왔던 법당 즉, 대웅전 시설물 역시 새로 바뀌어 있었다. 대웅전 현판 역시 파란 바탕에 금빛 글씨 현판 색깔이 검은 바탕에 금빛 대웅전 글씨를 넣고, 둘레는 운용(雲龍) 문양으로 걸려 있었다. 문살 문양도 격자 문살에서 연꽃문양이었고, 얼핏보면 그대로인 것 같았지만, 눈여겨 살펴보니 곳곳이 달라졌다.

그사이 모두 새롭게 변해 있었다. 엄마랑 함께 다닐 때, 법당은 시멘트 벽면에 참선에 잠긴 나한 등 그림이 그려져 있었다. 본래 크기의 그 자리에 팔작지붕 건물형태로 정면 3칸, 측면 1칸은 그대로다. 현재는 목조건물에 단청 칠마저 없는 깔끔한 대웅전으로 변신해 있었다.

내가 딛고 서 있는 지금의 마루도 달아낸 바닥이었다. 전에는 한 사람이 겨우 다닐 수 있는 대웅전 처마 끝 토방의 넓이가 전부였다. 언덕에 얼키설키 쇠 골절을 박아 땜질로 이어서 방부목재로 깔아놓았다. 허공이었던 곳을 넓은 바닥으로 만들어 놓은 것이다. 법당 왼쪽의 아래로 소나무와 괴석들 틈새로 가까스로 붙어 있던 아담한 단층의 황토요사(僚舍) 채도 2층 건물로 큼직하게 우뚝 서 있었다. 가난한 절간으로만 여겼던 곳, 하지만 지금은 엄마와 함께 오르내렸던 그 절간은 분명 아니었다.

용굴암이 세간에 알려진 것은 1882(고종 19)년에 명성황후(明成皇后)와 인연 때문이다. 구한말(旧韓末), 임오년에 대원군의 섭정에 밀려난 명성황후는 피신할 수밖에 없었다. 사람들의 눈을 피해 귀임봉을 넘어 여주로 가던 도중에 이 동굴 속으로 숨어들었다고 한다. 스님들의 배려로 이곳에서 칠일 기도를 드리게 되었다. 임오군란이 진압된 후, 명성황후는 환궁하여 다시 집정(執政)하게 되었다. 그 보은으로 스님들은 하사금으로 굴에서 나와 암자를 지었다는 문구가 용굴암 입구 스텐 표지판에 쓰여 있다.

용굴암으로 들어가는 길은 마치 경주 석굴암으로 들어가는 길과 흡사했다. 왼쪽은 가파른 숲속과 오른쪽은 험준한 낭떠러지 숲이다. 꼬불꼬불한 산허리를 돌아서 올라가면, 아치형으로 만들어진 용굴암은 동쪽을 바라보고 있다. 비탈진 언덕을 오르내리면서 서로의 손을 꼭 잡아 주던 날이 눈앞에 선하지 않은가. 손에서 느껴진 체온, 숱하게 나누었던 이야기들, 바로 엊그제와 같다. 아직도 도란도란 들려오는 모녀의 이야기, 하지만 엄마의 모습은 그 어디서도 보이지 않았다. 엄마와 함께 다녔던 절간, 그동안 꾹 잘 참아왔건만, 오늘은 어쩌자고 여기까지 올라온 것일까.

카네이션 꽃에 새겨진 기억

세월이 얼마나 흘러야 잊힐까. 오늘도 한아름의 꽃바구니와 함께 선물을 받는 순간, 친정어머니 생각에 콧잔등부터 찡해왔다. '조금만 더 기다려 주셨다가 당신의 손으로 반듯하게 키워놓은 손주의 결혼과 빚더미에서 벗어난 여식의 얼굴빛이라도 보고 가시지 '서둘러 하늘 가신 친정어머니가 못내 마음 아프다.

두 아이가 초등학교 시절이었다. 어버이날 붉은 색종이로 카네이션 꽃을 만들어서 내 가슴이 아닌 할머니의 양쪽 가슴에 한 송이씩 꽂아드리며 "할머니! 감사합니다. 건강하게 오래오래 사세요."라고 했다. "에그그 갸륵한 내 강아지들, 그래. 너희도 튼튼하게만 커라" 하고 감동하시던 모습이 엊그제 같다.

가슴 아렸던 오랜 기억 속의 어버이날이었다. 내가 결혼할 나이에 이르러서 부모님의 가슴에 카네이션을 꽂아드릴 때다. 수년 동안 병마에 시달린 아버지와 병시중을 드신 어머니가 폭삭 늙어버린 모습이 눈에 들어왔다. 평소에 무심히 보아왔던 얼굴에 굵은 주름살과 흰 머리카락이 눈에 띄는 순간, 왜 그토록 마음이 아리고 슬펐던지….

그날부터 내심 부모님은 내가 모셔야겠다며, 다짐했다. "매번 퇴짜를 놓는 이유가 뭐냐? 네 주제를 알아야지. 처녀 귀신은 저승사자도 안 데려간다더라." 하고 깨진 혼사에 참다못한 부모님은 노발대발하셨다. 철없는 응석받이도 아니고, 제 오빠가 없는 것도 아닌데, 인륜지대사(人倫之大事)를 번번이 망쳐놓는 막내 행동을 몹시 속상해하셨다. 그냥 넘길 수가 없었던 부모님, 그토록 무섭게 화를 낸 모습도 그때 처음 보았다.

그 후, 결혼 10년째 되던 해부터였다. 서너 해 간격으로 이어서 몇 번의 대수술을 받았다. 그 후유증은 내 영혼까지 파괴시켜 버렸다. 잠에서 깨어나면, 한바탕 소란을 피우다가 약을 먹으면, 다시 잠에 빠지곤 했다. 남편은 아내인 내가 자칫 무슨 일을 저지를까 싶어 불안했던지, 수시로 대전을 오르내리면서, 부모님께 간청하며 호소했던 모양이다. 직접 올라와서 여식의 상태를 확인한 부모님, 위태롭고 심각해 보였던지, 두 분도 여식 구하기 나선 것이다.

무더운 어느 여름날이었다. 화장실에서 나오다가 거실 바닥에 엎드려 있던 큰애와 눈이 마주쳤다. 땀방울이 송골송골 맺혀있는 아이들에게 "에어컨을 왜 안 틀고 공부해?" 내 눈치를 살피던 큰애가 기어들어 간 목소리로 "엄마가 못 틀게 했어요." 내가, 되묻다가 도대체 애들한테 무슨 짓을 해 온 거야, 기억나는 대로 되짚어보았다. 퇴원 이후 병원을 들락거리며, 자다 깨다 한 것 같은데, 그것만은 아니었다. 독한 약물에 의해 잠만 깨면, 나 자신을 괴롭히는 것은 물론, 가족들까지 괴롭혀댔다. 늘 몽롱한 상태에서 꿈인지, 생시인지, 분별도 잘 안 되고, 날짜는 물론, 숫자개념도 없었다.

그사이 나를 대신하여 뒷감당은 고스란히 어머니가 해 오셨던 것이다. 나로 인해 일어난 일련의 일들도 모두 깔끔하게 처리해 온 분도 바로 어머니였음을 비로소 인식하게 되었다. 불현듯 친정아버지가 생각났다. 아리송한 기억 때문에 애들한테 할아버지에 대해 슬쩍 물어보았다.

'맞아, 추운 겨울날 벽제에서….' 우리 집에서 반년도 못 지내고, 하늘나라로 떠나신 것도 바로 나 때문이었으리라. 생각이 여기에 미치는 순간, 나도 모르게 자동차에 올라앉아 시동을 걸었다. 정신없이 달려가서 멈춘 벽제 산기슭, 눈부신 하늘을 올려다보며, "불효 여식이 때늦은 용서를 빕니다. 엄마는 제가 잘 모실게요. 하늘나라에서 마음 편히 계십시오." 하고 약속을 했다. 그 이후도 편히 한번 모시지 못한 채, 이런저런 불효로 끝내 불효 여식이 되고 말았다.

내 주변에 뜻하지 않았던 일들이 연거푸 일어났다. 지금껏 잘 해왔던 남편의 사업이 휘청하는가 싶더니, 이내 벼랑으로 곤두박질을 쳐댔다. 거래처에서 받은 거액의 어음 수표 부도와 믿어왔던 지인에게서 당한 사기, 이어서 IMF 위기, 또 다른 재산 손실 등 질풍의 나날들이 연속이었다. 그 충격으로 인해 나는 다시 병원 신세를 지게 되었다. 행여 또 여식이 생사를 넘나들지 않을까 노심초사 겁을 내신 어머니의 노력은 그야말로 헌신적이었다.

매일 해뜨기 전, 부처님께 아침기도를 위해 잠도 제대로 못 주무셨다. 새벽마다 가족의 아침 식사와 두 아이의 도시락까지 식탁 위에 챙겨놓고, 수락산 절간으로 올라가셨다. 기도를 마친 후, 용굴암이나, 영원암의 약수터에서 받아온 약수로 밥과 국을 끓이고, 나한테는 약수(생수)를 마시도록 했다.

어머니한테는 막내인 내가 세상에서 전부였다. 내 안색이 당신의 표정이라며, 예전의 모습을 되찾아 주려고 무던히 애쓰셨다. 집안일 역시 당신의 육신은 너덜너덜 다 해져도 나는 손 하나 까닥 못하게 했다. 여식뿐 아니라, 두 손주까지 안쓰러워하며 살뜰히 보살펴주신 심정, 눈물겨운 모습이 아닐 수 없었다. 여식의 건강을 위한 일이라면, 궂은일도 마다하지 않았던 그 노력은 마디마디 피가 맺힐 정도였다.

그토록 애지중지 아끼던 당신의 전부를 남겨두고 어찌 눈을 감으셨을까. 늘 어버이날처럼 자식들에게 대우받는 여식 모습에서 안심하고 떠나가신 것인가. 당신이 해야 할 일은 다 마쳤다고 생각하신 어머니는 서서히 떠날 준비를 하셨다. 떠나시기 전, 잠시 휴식을 취하면서 여식이 집안일을 손에 익힐 때까지 기다려 주신 후, 멀고 먼 길을 홀연히 떠나셨다.

두 눈을 감으신 마지막의 모습은 평온했다. "엄마! 고맙습니다. 이제는 이승의 일은 다 잊고, 아버지와 함께 좋은 세상에서 행복하세요. 그동안 저 때문에 고생이 많으셨습니다. 엄마! 죄송해요. 정말 미안해 엄마!…" 하며 편안한 저승길을 위해 두 손을 합장했던 기억도 생생하다. 아직도 어머니와 함께하는 내 영혼, '오늘도 카네이션 꽃을 부모님 영전에 바칩니다.' 하고 합장했다.

한낱 개울 물소리

6월 장맛비가 내리던 아침, 세검정으로 향했다. 볼일을 마치고, 상명대학 언덕을 내려오다가 건너편 산으로 시선이 멈추었다. 비가 그친 산 중턱에서 군데군데 운무가 피어오르더니, 산등성은 자연의 꽃으로 만발했다. 짙푸른 나무에 목화가 피는가 싶더니 넓게 펼쳐진 솜은 젖은 바위를 덮고 내려왔다. 산자락까지 내려오더니 다시 산등성으로 걷어 올라가기 시작했다. 요술을 부리는 운무, 백악산의 정취에 흠뻑 빠져들어 그렇게 얼마나 서 있었을까.

불현듯 비 그친 세검정의 물살이 궁금했다. 그쪽을 향해 걷다가 근대슈퍼로 고개를 돌려보았다. 버스카드가 나오기 전, 근대슈퍼(구멍가게 이름)에서 토큰을 사서 버스를 타곤 했다. 하지만 버스카드사용 후, 딱히 필요한 것도 없어 가게를 들르지 않았다. 지나오다가 가게 안을 들여다보는 순간, 아주머니와 아저씨는 어느 사이 할머니와 할아버지의 모습이 되어 가게를 지키고 있었다.

인사를 나눈 뒤, 몇 발자국 더 걸어 세검정으로 갔다. 계천의 물은 비교적 많은 양으로 흐르고 있었다. 그러나 정자 주춧돌을 휘감고 돌아갈 만큼의 양은 아니었다. 소낙비가 아니라, 장마라서 그런지 기대와는 달리 실망스러웠다. 계천 정비로 인해 계천 바닥에 굴러다니는 바위도 없었고, 그림에서 느낀 세검정도 전설이 된 것이다.

예전의 이곳은 소낙비가 내릴 때, 빼어난 장관이라고 했다. 그래서 다산 정약용도 우레가 치고, 소낙비가 내릴 때, 세검정을 휘돌아 흘러가는 물을 보기 위해 명동에서부터 말을 달려왔다고 했다. 다산이 쓴『遊洗劍亭記』한 구절을 인용하면 '물줄기가 정자의 주춧돌을 할퀴는데 기세가 웅장하고, 소리는 사납기 그지없었다. 난간이 온통 진동하니, 겁이 나서 안심할 수가 없었다.'라고 했다.

그때 이곳은 도성의 북방 인후(咽喉)가 되는 요충지였다. 그러나 지금의 세검정은 여느 마을과 별반 다를 게 없다. 단지 세검정이라고 부르게 된 설만 무성할 뿐이다. 이귀(李貴)와 김류 등이 광해군의 폐위를 의논하고, 이곳에서 칼을 씻었으므로 '세검'이라 불렀다고 했다. 연산군 때는 탕춘대를 마련하고, 이곳에 수각(水閣)을 세웠다고도 한다. 또 숙종 때 총융청(摠戎廳)을 설치할 때, 군사들 휴식처로 함께 세워졌다는 설 등 다양하다.

1747년(영조 23) 이곳으로 총융청(摠戎廳)을 옮겼다. 이때 군사들의 쉼터로 지은 것이 바로 세검정이라고도 했다. 당시 총융청 감관으로 있던 김상채(金尙彩)가 지은 『창암집(蒼巖集)』에는 육각 정자로써 영조가 쓴 세검정현판을 달았다고도 한다. 그런가 하면, 조선의 한 왕에 대한 실록편찬이 끝나면, 그간의 사초를 적은 종이를 흐르는 물에 씻은 곳이라고 한다. 그리고 애쓴 사관들을 위해 왕실이 베푼 세초연이 세검정에서 펼쳐졌다는 것이다. 어느 설이 가짜고 진짜이든 간에 모두 연관성이 있는 듯싶다.

숙종 때부터 영조 연간의 문신이 지은 「세초연(洗草宴)」 한시를 여기에 옮겨 본다.

寸管那能盡畵天(촌관나능진화천) 작은 붓으로 어찌 하늘을 다 그려내리
於休盛德百王前(어휴성덕백왕전) 아! 성대한 덕은 백왕보다 앞서도다.
十年始訖編芸役(십년시흘편운역) 십 년 만에 비로소 실록편찬의 일을 마치고
暇日初開洗草筵(가일초개세초연) 한가한 날에 사초 씻는 잔치를 막 열었네.
晩後溪炊當美饌(만후계취당미찬) 저녁에 시내에서 밥 지으니 맛난 음식이요,
雨餘山水勝鳴絃(우여산수승명현) 비 온 뒤의 물소리는 거문고 소리보다 낫네.
舊時簪筆今如夢(구시잠필금여몽) 지난날 붓을 들었던 것이 이제 꿈결 같은데
手閱成書更泫然(수열성서갱현연) 직접 완성된 책을 보니 다시금 눈물이 흐르네.

이 시는 『숙종실록』을 편찬한 뒤 세초연에 참석하여 조문명(趙文命, 1680~1732)가 읊은 시다.

지금의 세검정은 옛 건물이 아니다. 1941년 부근에 있던 종이 공장에서 불이 났다고 한다. 이때 세검정은 소실되어 초석 하나만 남아 있던 것을 1977년 5월에 복원한 것이다. 이때 정선의 『洗劍亭圖』를 참고로 하여 복원하였다고 한다. 복원된 정자는 자

연 암반을 기단으로 삼아 서남향이다. 정면 3칸 건물로 가운데 칸을 내밀어 丁자형 평면을 이루고, 암반 위에는 높이가 다른 10개의 4각 장초석을 세웠다. 그 위에 나무 기둥을 세워서 亞자 난간을 돌렸고, 겹처마에 팔작지붕의 단청 건물이다.

조선 시대는 이곳의 자연경관은 일품으로 유명했다. 조선의 화가들은 세검정을 소재로 그린 그림들이 있다. 모두 산세가 수려하고 콸콸 흐르는 물가에 정자에 사람들과 함께 그려졌다. 개울가에 자리 잡은 정자, 누 아래로 기둥이 높게 서 있으며, 낮은 담을 돌렸다. 입구에는 일각문이 있으며, 측면은 편문이 있어서 개울로 내려갈 수 있었다. 개천 쪽으로 돌출된 난간에 기대어 바라보는 풍경은 절경이었다. 그들이 떠나간 세검정, 넓적한 바위, 지금은 세초연의 차일을 쳤던 네모난 구멍만 남아 있다.

변천하는 세월에 의해 정자 주변도 변했다. 산세의 수려함 대신 주택들이 밀집해 있다. 담을 둘렀던 자리는 자동차가 다니는 큰 도로가 나 있어 옛날의 운치는 그 어디서도 찾아볼 수가 없다. 세검정을 둘러싼 북악산, 비봉을 비롯해 문수봉과 보현봉 등 조선의 흥망성쇠를 고스란히 지켜보았을 것이다. 그 산을 굽이굽이 돌아 나온 계곡물, 그러나 무지한 나로서는 어떤 소리인지 귀담아 들을 수가 없었다. 그저 시원스럽게 흐른 물은 시심(詩心)의 귀를 열어주는 한낱 개울 물소리로만 들릴 뿐이다.

넋을 잃은 나의 붓

훈풍을 타고 온 봄, 마음부터 설렌다. 하늘거린 춘풍에 물들어 가는 연녹색, 세상은 온통 아름다운 봄빛이다. 곳곳마다 형형색색의 빛, 꽃봉오리들마저 시향(詩香)으로 터트리고 있지 않은가. 봄기운 따라 힘차게 뻗어 나가야 할 붓, 마음과는 달리 멋은 붓놀림은 아직도 황홀한 늪에 빠져 헤어날 줄 모른다.

'그대여 노심초사하지 마라. 시운(時運)을 만나면, 불 꺼진 식은 재 위에서도 연기가 나고, 이미 말라죽은 나무에서도 꽃이 피는 법이다.'라는 구절을 상기시켜 본다. 그렇다고 내가 무슨 도섭을 부려 불과 꽃을 피우겠는가마는 만물이 소생하여 꽃을 피우는 봄, 일렁이는 화심(花心)으로 붓을 들어본다. 마음은 이미 두보나 이백과 다를 바 없건만, 그러나 손놀림은 어설픈 세 살짜리라니….

이백(李太白)과 두보(杜甫)는 하늘에서 글 쓰는 재주를 내려 준 것 같다. 이들은 산천경개를 벗 삼아서 수많은 시를 남겨놓았다. 중국에서 시서화(詩書畵)로 재주를 타고난 사람을 들자면, 어디 이 두 사람뿐이겠는가. 일찍이 왕희지(王羲之)를 비롯해 안진경(顔眞卿) 등 시서화에 능했던 유명한 문사 또한 적지 않다. 세상을 꽃으로 장식한 봄, 우선 우리에게 익숙한 도원을 이상향으로 설정한 몇 명의 문사를 예로 떠올려본다.

도연명(陶淵明)의 「도화원기(桃花源記)」를 시작해서 왕유(王維)가 쓴 「도원행(桃源行)」 비롯한 한유(韓愈)와 그리고 소식(蘇軾)과 왕안석(王安石) 등 같은 주제로 글을 지어냈다.

한 어부가 배를 타고 강을 거슬러 올라갔다, 강 양쪽으로 오직 꽃향기로 진동한 복숭아꽃이 만발한 숲을 만났다. 어부는 강기슭에 배를 대고 산속에 있는 동굴 속으로 들어갔다. 얼마쯤 들어가니 주위가 밝아지고, 눈앞은 이상의 세계가 펼쳐졌다. 동진(東晋)의 작가 도연명(陶淵明)의 도화원기(桃花源記)는 이렇게 시작되었다. 그 후, 중국의 문사들은 약간씩 내용의 차이는 있지만, 모두가 도원을 읊어댔다. 조선의 문사들 역시 안견을 비롯해 도원을 주제로 많은 작품을 남겼다. 이 중에서 한 주제로 11점의 도화원을 읊은 왕유를 조선의 문사들은 더 좋아했다. 어떻게 읊었을까, 그 중의 한 점을 보면 이러했다.

「도원행(桃源行)」 - 왕유(王維)

어주축수애산춘(漁舟逐水愛山春) 고깃배로 물길 따라서 산속 봄을 즐기노니
양안도화협거진(兩岸桃花夾去津) 언덕 양쪽으로 복숭아꽃 가루 끼고 있어

좌간홍수부지원(坐看紅樹不知遠) 붉은 꽃나무를 보다가 멀리 온 줄 몰랐네.
행진청계부견인(行盡靑溪不見人) 푸른 개울 다하여도 사람 자취 볼 수 없고
산구잠행시외오(山口潛行始隈隩) 후미진 길로 들어선 산굴은 으슥하더니
산개광망선평륙(山開曠望旋平陸) 산이 열리고 넓은 평야가 펼쳐지네.
요간일처찬운수(遙看一處攢雲樹) 아득한 곳 살펴보니 구름 속에 나무 있어
근입천가산화죽(近入千家散花竹) 가까이 들어가니 집집마다 자란 꽃대
초객초전한성명(樵客初傳漢姓名) 나무꾼이 처음 한나라 이름 전하더니
거인미개진의복(居人未改秦衣服) 그곳 사람들의 옷은 아직 진나라의 옷이네.
거인공주무릉원(居人共住武陵源) 사람들은 무릉도원에 함께 살고 있어
환종물외기전원(還從物外起田園) 바깥세상을 버리고 이곳으로 돌아와 정원을 일구었네.

중국의 유명한 문사들의 작품을 조선의 문사들도 같은 소재로 붓을 들었다. 국립중앙박물관전시실에서 우리나라 작품뿐만 아니라, 여러 나라의 명작들을 마음껏 누리다 보면, 종종 넋을 잃곤 한다. 시 속에 그림이 숨어 있고, 그림 속에 시가 숨어 있기 때문이다. 알면 알수록 흥미진진한 것이 시서화고, 보면 볼수록 연거푸 감탄사가 나온 것 또한 시서화 삼절이다.

분명 안복(眼福)이 아닐 수 없다. 이처럼 진귀하고 뛰어난 진품들을 익숙하게 접하고 있음은 행운임에는 틀림이 없다. 선인들이 그려내고 지은 글 속에서 마냥 즐겨 보고만 있는 나, 그렇다면 글재주보다는 안복부터 타고난 것인가. 시서화의 감흥에 빠져 넋을 잃은 내 붓, 물오른 봄 노래는 언제쯤 부를 수 있을까.

귀인들과 인연

이 문집을 묶어보겠다고 생각한 것은 귀인들 덕분이다. 그나마 구겨진 자존감을 회복시켜준 이들이기에 '귀인'이란 호칭을 사용했다. 어느 작가든 창작에 몰두한 혼신은 별다르지 않을 것이다. 특히 문학세계에서는 출판업자의 언행으로 인해 작가들의 자존심이 뒤흔들리는 건 예사다. 유명문학인과는 달리 무명문학인이라는 이유로 큰 출판사에서는 선불 계약은커녕 그냥 출판도 외면당하기 일쑤다. 별수 없이 본인 부담(私費)으로 책을 묶는 경우, 출판비용도 만만치 않다.

어쩌다 무명 문학작품도 독자의 눈에 띌 때가 있다. 작품이 꾸준히 팔려도, 일부 악덕 출판업자는 저자에게 판매부수조차 침묵한 채, 판매수익금을 꿀꺽 독식한 경우도 있다. 저작권이 있어도 나쁜 출판사의 계략에 의해 보호받지 못한 무명문학 작가, 이래저래 자존심은 땅바닥에 짓뭉개지곤 한다.

이런 억울한 횡포는 절필할 만큼 저자에게 치명적인 상처다. 그렇다고 계란으로 바위 치기 싸움에 변호사와 함께 대응할 무명작가가 얼마나 되겠는가. 출판업자의 교활한 술수에 속수무책으로 당하는 작가들도 적지 않을 것이다.

10여 년간 문학활동을 중단한 이유 중에 이런 억울한 가슴앓이도 한몫했다. 바쁜 이유가 우선순위지만, 나쁜 출판업자로 인해 문학에 대한 꿈과 함께 흥미를 잃어버렸다. 밤잠을 설치면서 애써 쓴 작품은 10여 년간 악덕출판사만 배 불린 꼴이 되었다. 상세한 이유는 다음에 기회가 된다면 그때, 출판사 이름과 대표까지 들추어 보겠다.

2년 전, 어느 여름날이었다. 오랜만에 동인회에 참석하였다가 수필문학사의 강병욱 대표를 만났다. 반가움에 이런저런 담소를 나눈 후, 그분의 선심으로 「재미로 보는 우리의 옛 그림」을 연재로 싣게 되었다. 7회 정도 실릴 무렵, 진주에 사는 이민호 선생의 배려로 '예술인활동증명'을 신청과 창작지원금으로 이 수필집을 묶게 된 것이다.

봄 햇살에 기지개를 피는 기분이다. 마치 도섭을 부린 듯한 문운(文運), 일회성의 햇볕으로 글 묶음이 아니었으면 한다. 비단 나뿐만 아니라, 가난한 무명문학인들에게 희망의 빛이 골고루 비추어 주기를 바라는 마음 또한 간절하다.

세상 모두가 감사한 마음이다. 나를 기쁘게 해준 이들 모두가 귀인으로 여겨진다. 우선 가족들을 비롯해 강병욱 대표님, 이민호 선생님, 류진 편집장님, 이 글을 읽어줄 독자들에게 감사의 인사를 전하고 싶다.

"귀인님들! 모두 고맙습니다"

늦장의 탈고와 동시에 기쁜 마음으로 이제 자판 위에서 움직이던 손가락을 멈춘다.

정유현 수필집

그날 피렌체에서

2022년 2월 15일 초판 인쇄
2022년 2월 20일 초판 발행

지은이 / 정유현

발행인 / 강병욱
발행처 / 도서출판 교음사
편 집 / 隨筆文學社 出版部

03147 서울 종로구 삼일대로 457 수운회관 1308호
Tel (02) 737-7081, 739-7879(Fax)
e-mail : gyoeum@daum.net
등록 / 제2007-000052호

* 잘못된 책은 바꿔 드립니다. 값 12,000원

ISBN 978-89-7814-853-5 03810